もくじ・学習記録表

「実力完成テスト」の得点を記録し，弱点分野を発見しましょう。

	項目　おもな学習内容	ページ	学習日・得点

第1日　現在の文　… 2
am, are, isの使い分け ／ 一般動詞の現在形 ／ 3単現のsのつけ方
疑問文の形 ／ 否定文の形 ／ 命令文　など

月　日　学習
完成テスト　　点

第2日　疑問詞・代名詞・複数形　… 6
what, whoなど ／ when, where, how ／〈how+形容詞〉
人称代名詞の使い分け ／ そのほかの代名詞 ／ 名詞の複数形　など

月　日　学習
完成テスト　　点

第3日　過去の文　… 10
be動詞の過去形 ／ 規則動詞の過去形 ／ 不規則動詞の過去形
現在か過去かの見分け方 ／ 疑問文の形 ／ 否定文の形

月　日　学習
完成テスト　　点

第4日　進行形・未来の文　… 14
進行形の文の形 ／ ingのつけ方 ／ 進行形の疑問文・否定文
未来の文 ／ 未来の疑問文 ／ 未来の否定文

月　日　学習
完成テスト　　点

第5日　助動詞　… 18
can, may, mustの文 ／ 助動詞の疑問文と否定文 ／ have(has) to ～の文
May(Can) I ～? の文／ Can(Could) you ～? の文 ／ shouldの文　など

月　日　学習
完成テスト　　点

第6日　〈to＋動詞の原形〉・動名詞　… 22
不定詞の形 ／ 名詞的用法 ／ 副詞的用法／ 形容詞的用法
動名詞の用法 ／ 動名詞と不定詞 ／ 動名詞を目的語にとる動詞など

月　日　学習
完成テスト　　点

第7日　いろいろな文型　… 26
There is(are) ～.の文 ／ look, becomeなどの文 ／ give, tellなどの文
SVOO→〈SVO+to(for)+人〉 ／ call, nameなどの文　など

月　日　学習
完成テスト　　点

第8日　接続詞・前置詞　… 30
and, but, or, so ／ when, ifなど ／ 接続詞that ／ 時を表すat, on, in
場所・方向を表す前置詞 ／ その他の前置詞 ／ 前置詞を含む連語

月　日　学習
完成テスト　　点

第9日　比較の文　… 34
比較級・最上級の形 ／ as ～ as … の文 ／ 比較級の文
最上級の文 ／ 比較の疑問文 ／ 注意すべき比較の文　など

月　日　学習
完成テスト　　点

第10日　会話表現　… 38
あいさつ・お礼・おわびの表現 ／ あいづちなどの表現 ／ すすめる・誘う表現
電話での表現 ／ 買い物での表現 ／ 体調・感想をたずねる表現

月　日　学習
完成テスト　　点

総復習テスト　第1回　… 42
実際の高校入試問題を中心とした実戦的な問題で実力を試すテストです。
これまでに学習した，中学1・2年範囲全体から出題されています。

月　日　　点

総復習テスト　第2回　… 45
第1回と同じく，中学1・2年範囲全体から出題されています。
これまでの総仕上げとなる，入試問題中心のテストです。

月　日　　点

第1日 現在の文

be動詞と一般動詞の現在を表す文について学習します。主語による動詞の形のちがいをマスターし、しっかり使い分けできるようにしましょう。

基礎の確認
解答 ▶ 別冊 p.2

❶ am, are, is の使い分け

▶現在の文では、**be動詞**は文の**主語**によって、**am, are, is**の3つの形を使い分けます。次の〔　〕に am, are, is のうちから適するものを選んで入れなさい。

(1) You 〔　　　　　〕 a good student.
(2) This house 〔　　　　　〕 very old.　　→3人称単数の主語
(3) Tom and I 〔　　　　　〕 home now.　　→複数の主語　　→「家に」
(4) My sisters 〔　　　　　〕 busy now.　　→複数の主語　　→「忙しい」
(5) I 〔　　　　　〕 from Hokkaido.

❷ 一般動詞の現在形

▶現在の文で、**主語が3人称単数**のとき、一般動詞は語尾が**sで終わる形**（3人称単数・現在形）になります。次の〔　〕に適するものを右の（　）から選んで入れなさい。
　　　　　　　　　　　　　　　　　　　　→be動詞以外の動詞

(1) I 〔　　　　　〕 a brother. （have / has）
(2) Ken 〔　　　　　〕 soccer every day. （play / plays）
　　→3人称単数の主語
(3) Kumi and Yumi 〔　　　　　〕 music. （like / likes）
　　→複数の主語
(4) My mother 〔　　　　　〕 up at six. （get / gets）
　　→3人称単数の主語

❸ 3単現のsのつけ方

▶一般動詞の**3人称単数・現在形**のsのつけ方は、**原形の語尾**によって異なります。次の動詞の3人称単数・現在形を書きなさい。

(1) walk 〔　　　　　〕　(2) come 〔　　　　　〕
(3) go 〔　　　　　〕　(4) watch 〔　　　　　〕
(5) stay 〔　　　　　〕　(6) study 〔　　　　　〕
(7) speak 〔　　　　　〕　(8) do 〔　　　　　〕
(9) fly 〔　　　　　〕　(10) have 〔　　　　　〕
　　　　　　　　　　　→例外で、特別な形に変化する

復習ガイド

■ be動詞の現在形

主語	be動詞
I	am
youと複数	are
3人称単数	is

確認 3人称単数の主語
　3人称単数の主語とは、I（1人称）と you（2人称）以外の**単数**の人や物を表す主語のこと。

ミス注意 複数を表す主語
　～ and …は**複数**を表すので、be動詞の現在形は **are** を使う。be動詞の直前の1語にまどわされないこと。

■ 一般動詞（play）の現在形

主語	一般動詞
I, you, 複数	play
3人称単数	plays

■ 3単現のsのつけ方

原形の語尾	つけ方
ふつう	-s
o, s, x, ch, sh	-es
〈子音字＋y〉	-y→-ies

ミス注意 yで終わる語の変化
　stay のように、y の前が**母音字**（a, i, u, e, o）の場合は、ふつうの語と同じように、**そのまま s** をつける。
　study のように、y の前が**子音字**（a, i, u, e, o 以外）の場合だけ、語尾の y を **i にかえて es** をつける。study のほかに carry（運ぶ）, fly（飛ぶ）, try（やってみる）などがある。

2

④ 疑問文の形

▶be動詞の疑問文は be動詞を主語の前に出し，一般動詞の疑問文は **Do〔Does〕**を主語の前に置いて作ります。次の文を疑問文に直しなさい。
↳主語が3人称単数のとき

(1) This is Ken's bike.

(2) You live in this town.

(3) John has a bike.

(4) Your mother speaks English.

⑤ 否定文の形

▶be動詞の否定文は be動詞のあとに **not** を，一般動詞の否定文は動詞の前に **do〔does〕not** を置きます。次の文を否定文に直しなさい。
↳主語が3人称単数のとき

(1) I am Mary's sister.

(2) We study English every day.

(3) My brother has a computer.

⑥ 命令文

▶「～しなさい」という**命令文**は，**主語を省略**して，**動詞の原形**で文を始めます。次の文を命令文に直しなさい。

(1) You open the window.
↳「窓を開けなさい」の文

(2) You are careful.
↳「注意深い」 ↳「気をつけなさい」の文

⑦ 否定の命令文

▶「～してはいけません」という**否定の命令文**は，ふつうの命令文の前に **Don't** を置きます。次の文を否定の命令文に直しなさい。

(1) Run here.
↳「ここで走ってはいけません」の文

(2) Be kind to that man.
↳「親切な」

● 現在の文

④ 疑問文の形

〈be動詞〉
He **is** a student.
  ↳主語の前に出す
Is he a student?

〈一般動詞〉
He **plays** tennis.
  ↳主語の前に Do〔Does〕
Does he **play** tennis?
      ↳動詞は原形

ミス注意 疑問文中の動詞の形
一般動詞の疑問文の中では，**動詞はいつも原形にする**。

⑤ 否定文の形

〈be動詞〉
He **is** a student.
     ↳be動詞のあとに not
He **is not** a student.

〈一般動詞〉
He **plays** tennis.
   ↳動詞の前に do〔does〕not
He **doesn't play** tennis.
          ↳動詞は原形

ミス注意 否定文中の動詞の形
一般動詞の否定文の中では，**動詞はいつも原形にする**。

⑥ 命令文の形

〈一般動詞〉
You study every day.
 ↓   ↓動詞の原形で始める
〈省略〉**Study** every day.
  （毎日勉強しなさい。）

〈be動詞〉
You are a good boy.
 ↓ ↓動詞の原形で始める
〈省略〉**Be** a good boy.
      ↳be動詞の原形は be
  （よい子でいなさい。）

⑦ 否定の命令文

Watch TV.
  ↳命令文の前に Don't
Don't watch TV.
  （テレビを見てはいけません。）

Be late.
  ↳命令文の前に Don't
Don't be late.
  （遅れてはいけません。）

第1日 現在の文 実力完成テスト

*解答と解説…別冊 p.2
*時　間………20分
*配　点………100点満点

1 正しい英文になるように，＿＿に適する語を（　）内から選んで入れなさい。〈2点×5〉

(1) My sister ＿＿＿＿＿ a junior high school student.（am / are / is）
(2) We ＿＿＿＿＿ Mr. Brown very well.（is / know / knows）
(3) These books ＿＿＿＿＿ very interesting.（am / are / is）
(4) My grandparents ＿＿＿＿＿ in Tokyo.（be / live / lives）
(5) He ＿＿＿＿＿ have a camera.（isn't / don't / doesn't）

2 日本文に合うように，＿＿に適する語を入れなさい。〈3点×5〉

(1) あなたの本は居間のテーブルの上にあります。
　　Your book ＿＿＿＿＿ on the table in the living room.
(2) 彼らは教室にはいません。
　　They ＿＿＿＿＿ in the classroom.
(3) 彼女には弟が1人います。
　　She ＿＿＿＿＿ a little brother.
(4) お年寄りに親切にしなさい。
　　＿＿＿＿＿ kind to old people.
(5) ケイトとトムは日本語を話しますか。
　　＿＿＿＿＿ Kate and Tom speak Japanese?

3 次の会話が成り立つように，＿＿に適する語を入れなさい。〈3点×5〉

(1) A : Excuse me. ＿＿＿＿＿ you Emi?
　　B : Yes, I ＿＿＿＿＿.
(2) A : Where ＿＿＿＿＿ you from, Ms. Green?
　　B : I'm from Australia.
(3) A : ＿＿＿＿＿ you know that boy?
　　B : Yes, I ＿＿＿＿＿. That's Ken's brother.
(4) A : ＿＿＿＿＿ your brother like basketball, Jim?
　　B : No, he ＿＿＿＿＿.
(5) A : What time ＿＿＿＿＿ your father get up every morning?
　　B : He usually ＿＿＿＿＿ up at six thirty.

4 日本文に合うように，次の語を並べかえなさい。ただし，不要な語が1語ずつあります。 〈4点×4〉

(1) あなたの鉛筆はいすの下にあります。
Your (chair / is / does / the / pencil / under).
Your _____.

(2) この川で泳いではいけません。
(in / swim / river / not / don't / this).
_____.

(3) 太郎と私はよい友達です。
Taro (I / am / friends / are / and / good).
Taro _____.

(4) 私の母は車を運転しません。
My (does / a / mother / drive / is / not) car.
My _____ car.

5 次の英文を（　）内の指示にしたがって書きかえなさい。 〈5点×4〉

(1) His father is a music teacher. （疑問文に）
_____

(2) I study English every day. （主語をSheにかえて）
_____

(3) My brother plays the piano. （否定文に）
_____

(4) You clean this room. （Pleaseで始まる命令文に）
_____

6 次の日本文を英語に直しなさい。 〈6点×4〉

(1) メアリー(Mary)と私は今，忙しくありません。
_____

(2) 私は朝7時に朝食を食べます。
_____

(3) 彼女は歩いて図書館へ行きますか。
_____

(4) 立ち上がってください。
_____

第2日 疑問詞・代名詞・複数形

what, how などの疑問詞を使ったさまざまな疑問文の形や，代名詞の変化と使い分け，名詞の複数形の作り方について学習します。

基礎の確認

解答 ▶ 別冊 p.3

❶ what, who など

▶疑問詞 what, who などは，「何」「だれ」などの意味を表します。次の〔　〕に What, Who, Which, Whose のうちから適するものを選んで入れなさい。

(1) 〔　　　〕 bike is this? —— It's my brother's.
(2) 〔　　　〕 is that girl? —— She's Mary.
(3) 〔　　　〕 is your bag? —— This one is.
(4) 〔　　　〕 is this? —— It's a pencil.

❷ when, where, how

▶when は「時」，where は「場所」，how は「方法・手段」をたずねます。次の〔　〕に When, Where, How のうちから適するものを選んで入れなさい。

(1) 〔　　　〕 do you live? —— I live in Yokohama.
(2) 〔　　　〕 do you go to school? —— By bus.
(3) 〔　　　〕 do you watch TV? —— After dinner.

❸ 〈how＋形容詞〉

▶how のあとに many, much, old などを続けて，「数」，「量」，「年齢」などをたずねることができます。次の〔　〕に many, much, old, long のうちから適するものを選んで入れなさい。

(1) How 〔　　　〕 CDs do you have?
　—— I have twenty CDs.
(2) How 〔　　　〕 are you? —— I'm 14 years old.
(3) How 〔　　　〕 is this? —— It's 250 yen.
(4) How 〔　　　〕 is your summer vacation?
　—— About three weeks.

復習ガイド

■ 疑問詞の意味

疑問詞	意味
what	何
who	だれ
which	どちら，どれ
whose	だれの
when	いつ
where	どこ
how	どう，どうやって，どのように

確認 疑問詞の位置
疑問詞を使う疑問文では，疑問詞はいつも**文の最初**に置く。

くわしく 〈what＋名詞〉など
〈what＋名詞〉で「何の〜」，〈whose＋名詞〉で「だれの〜」，〈which＋名詞〉で「どちらの〜，どの〜」という意味になる。

■ 〈How＋形容詞〉の意味

How many 〜?	いくつ（数）
How much 〜?	いくら（金額），どのくらい（量）
How old 〜?	何歳（年齢）
How long 〜?	どのくらい長い（長さ・期間）
How tall 〜?	どのくらい高い（身長・高さ）
How high 〜?	どのくらい高い（高さ）
How far 〜?	どのくらい遠い（距離）

❹ 人称代名詞の使い分け

▶ 人称代名詞は，**文中での働き**によって，**主格**(〜は・が)，**所有格**(〜の)，**目的格**(〜を・に)を使い分けます。次の〔　〕に，右の（　）内の語を必要があれば適する形にかえて入れなさい。

(1) This is 〔　　　　　〕 school. (we)
(2) Please listen to 〔　　　　　〕. (I)
(3) We know 〔　　　　　〕 very well. (they)
(4) I go to school with 〔　　　　　〕. (she)
(5) Is 〔　　　　　〕 cold in Tokyo today? (it)

❺ 所有代名詞の使い分け

▶ 所有代名詞は，1語で「**〜のもの**」という意味を表します。次の〔　〕に適する所有代名詞を入れなさい。

(1) Is this your bike, Ken? —— Yes. It's 〔　　　　　〕.
(2) This is my father's book. And that's 〔　　　　　〕, too.
(3) Is this Keiko's CD?
　　—— No, it's not 〔　　　　　〕. It's Ken's.

❻ そのほかの代名詞

▶ 代名詞 **one** は前に出た数えられる名詞のくり返しをさけるときに使います。また，**〜self** は「〜自身」を表します。次の〔　〕に適するものを右の（　）から選んで入れなさい。

(1) My bag is small. I want a large 〔　　　　　〕. (one / it)
(2) Do it 〔　　　　　〕. (your / yourself)
(3) Do you want 〔　　　　　〕 else? (anything / some)
(4) I don't like this bag. Please show me 〔　　　　　〕. (other / another)

❼ 名詞の複数形

▶ 名詞の**複数形のsのつけ方**は，名詞の**語尾**によって異なります。次の名詞の複数形を書きなさい。

(1) book 〔　　　　〕 (2) box 〔　　　　〕
(3) boy 〔　　　　〕 (4) country 〔　　　　〕
(5) city 〔　　　　〕 (6) class 〔　　　　〕
(7) child 〔　　　　〕 (8) man 〔　　　　〕

人称代名詞の変化

数	人称	〜は・が (主格)	〜の (所有格)	〜を・に (目的格)
単数	1人称	I	my	me
	2人称	you	your	you
	3人称	he / she / it	his / her / its	him / her / it
複数	1人称	we	our	us
	2人称	you	your	you
	3人称	they	their	them

くわしく　「それ」と訳さない it

it は，**時刻・寒暖・天気**などを表す文の主語としても使われる。この it に「それ」の意味はない。

所有代名詞 (〜のもの) の形

単数	私のもの	mine
	あなたのもの	yours
	彼のもの	his
	彼女のもの	hers
複数	私たちのもの	ours
	あなたたちのもの	yours
	彼(女)らのもの	theirs

「〜自身」を表す代名詞

人称	単数	複数
1	myself	ourselves
2	yourself	yourselves
3	himself / herself / itself	themselves

くわしく　代名詞 one

it は，前に出た名詞が表すものと**同一のもの**をさすのに対して，**one** は**同じ種類**のものをさす。

複数形のsのつけ方

名詞の語尾	つけ方
ふつう	-s
s, x, ch, sh など	-es
〈子音字+y〉	-y→-ies

ミス注意　不規則変化

複数形が不規則に変化する名詞は1語ずつ覚えよう。

☐ child → children
☐ man → men

第2日 疑問詞・代名詞・複数形 実力完成テスト

*解答と解説 … 別冊 p.3
*時　間 ……… 20分
*配　点 ……… 100点満点

1 正しい英文になるように，___に適する語を(　　)内から選んで入れなさい。〈2点×5〉

(1) Are you and Ken brothers, Shin? —— Yes, _____ are.　(we / you / they)

(2) This book is not mine. I think it's _____.　(you / your / yours)

(3) _____ is she from? —— She's from China.　(What / Where / When)

(4) How _____ are you? —— I'm seven years old.　(old / many / long)

(5) There are a lot of _____ in the park.　(child / childs / children)

2 次の英文の___に，(　　)内の語を適する形にして入れなさい。〈2点×7〉

(1) Please help _____.　(we)

(2) Are these books your mother's? —— Yes, they are _____.　(she)

(3) _____ parents love cats.　(They)

(4) My father visits many _____ every year.　(country)

(5) How many English _____ do you have every week?　(class)

(6) A lot of _____ visit this park on Sundays.　(family)

(7) My grandfather always tells us many interesting _____.　(story)

3 次の会話が成り立つように，___に適する語を入れなさい。〈3点×4〉

(1) A : _____ pencil is this?
　　B : Oh, it's mine. Thank you.

(2) A : _____ is Taro's bag, this one or that one?
　　B : This one is his.

(3) A : How _____ does _____ take to finish this work?
　　B : About two hours.

(4) A : _____ _____ brothers do you have?
　　B : I don't have any brothers.

4 各組の英文がほぼ同じ内容になるように，___に適する語を入れなさい。〈4点×2〉

(1) { This is our house.
　　{ This house is _____.

(2) { My father doesn't know anything about computers.
　　{ My father knows _____ about computers.

5 日本文に合うように，＿＿に適する語を入れなさい。〈4点×5〉

(1) ロンドンでは(今)何時ですか。
　　_____ time is _____ in London?

(2) だれが彼らといっしょに学校に行くのですか。
　　_____ goes to school with _____?

(3) クミは毎日どのくらいの時間テニスを練習しますか。
　　_____ _____ does Kumi practice tennis every day?

(4) あなたはあの人たちを知っていますか。—はい，彼らをとてもよく知っています。
　　Do you know _____ people? —— Yes, I know _____ very well.

(5) あなたのクラスには何人の男の子がいますか。
　　_____ _____ _____ are there in your class?

6 次の英文を（　　）内の指示にしたがって書きかえなさい。〈4点×4〉

(1) <u>You and I</u> are good friends.　（下線部を1語の代名詞にして）

(2) We can see <u>a</u> mountain.　（a を some にかえて）

(3) This <u>book</u> is very difficult.　（book を books にかえて）

(4) Emi does her homework <u>before dinner</u>.　（下線部が答えの中心となる疑問文に）

7 次の日本文を英語に直しなさい。〈5点×4〉

(1) あなたのおじいさんは何歳ですか。

(2) このうで時計（watch）はいくらですか。

(3) これは彼女の本ですか，それとも彼のものですか。

(4) あなたは毎日どうやって学校に行きますか。

第3日 過去の文

be動詞と一般動詞の過去を表す文について学習します。規則動詞と不規則動詞の過去形の変化をしっかりと確認しておきましょう。

基礎の確認

解答▶別冊 p.4

❶ be動詞の過去形

▶過去の文では，be動詞は文の**主語**によって，**was** と **were** を使い分けます。次の〔　〕に，was, were のうちから適するものを選んで入れなさい。

(1) I 〔　　　　〕very hungry then.
(2) Kumi 〔　　　　〕busy yesterday.
(3) We 〔　　　　〕in Kyoto ten years ago.
(4) Mary and Ken 〔　　　　〕good friends when
　　　↳複数の主語
they lived in this town.

❷ 規則動詞の過去形

▶規則動詞の過去形の ed のつけ方は，**原形の語尾**によって異なります。次の動詞の過去形を書きなさい。
↳原形の語尾に-(e)dをつけて過去形になる動詞

(1) play 〔　　　　〕 (2) watch 〔　　　　〕
(3) like 〔　　　　〕 (4) use 〔　　　　〕
(5) study 〔　　　　〕 (6) stop 〔　　　　〕
(7) stay 〔　　　　〕 (8) clean 〔　　　　〕

❸ 不規則動詞の過去形

▶**不規則動詞**の過去形は ed はつけず，**1つずつ**変化が異なります。
↳1語1語不規則に変化する動詞
次の動詞の過去形を書きなさい。

(1) do 〔　　　　〕 (2) have 〔　　　　〕
(3) go 〔　　　　〕 (4) come 〔　　　　〕
(5) take 〔　　　　〕 (6) speak 〔　　　　〕
(7) see 〔　　　　〕 (8) write 〔　　　　〕
(9) run 〔　　　　〕 (10) read 〔　　　　〕
(11) say 〔　　　　〕 (12) know 〔　　　　〕

復習ガイド

■ be動詞の過去形

主語	現在	過去
I	am	was
3人称単数	is	
you と複数	are	were

確認 was と were
am, is の過去形は was。
are の過去形は were。

■ 規則動詞の ed のつけ方

原形の語尾	つけ方
ふつう	-ed
e で終わる	-d
〈子音字+y〉	-y→-ied
〈短母音+子音字〉	子音字を重ねて-ed

■ ed の発音

ed の発音は，原形の語尾の発音によって，[d　ド], [t　ト], [id　イド] の3通りに分かれる。

①[t　ト]…原形の語尾の発音が，[t] 以外の無声音([s], [θ], [h], [p], [k], [f], [ʃ], [tʃ])のとき。
walked, washed

②[id　イド]…原形の語尾の発音が[t], [d]のとき。
wanted, needed

③[d　ド]…上記以外のとき。
called, opened

ミス注意 read の過去形

read [ri:d リード] の過去形は，原形と同じつづりだが，発音は [red レッド] となるので注意しよう。

10

❹ 現在か過去かの見分け方

▶過去の文かどうかは、**過去を表す語句**があるか、または、**前後の文の時制**などから判断します。次の〔　〕に適するものを右の（　）から選んで入れなさい。

(1) We 〔　　　〕 Mr. Sato yesterday. (visit / visited)

(2) My brother 〔　　　〕 cats when he was a child, but now he 〔　　　〕 dogs. (loves / loved)

(3) He 〔　　　〕 me last week. (helps / helped)

❺ 疑問文の形

▶be動詞の疑問文は was, were を主語の前に出します。また、一般動詞の疑問文は Did を主語の前に置きます。次の文を疑問文に直しなさい。

(1) She was in the kitchen then.

(2) You were busy last Saturday.

(3) She studied English yesterday.

(4) You got up early this morning.

(5) His parents lived in New York twenty years ago.

❻ 否定文の形

▶be動詞の否定文は was, were のあとに not を、一般動詞の否定文は**動詞の前に** did not を置きます。次の文を否定文に直しなさい。

(1) I was home then.

(2) They were happy.

(3) She visited her uncle last week.

(4) We watched TV last night.

過去を表す語句
- yesterday（昨日）
- last ～（この前の～）
  last year（去年）
  last month〔week〕（先月〔週〕）
- ～ ago（～前）
  five days ago（5日前）
  ten years ago（10年前）
- then, at that time（そのとき）

ミス注意　動詞の形
一般動詞の疑問文、否定文の中では、動詞はいつも原形を使う。過去形にしてしまうミスが多いので注意。

疑問文の形
〈be動詞〉
He **was** a student.
　　↳主語の前に出す
Was he a student?

〈一般動詞〉
He **played** tennis.
　　↳主語の前に Did
Did he **play** tennis?
　　　　　　↳動詞は原形

否定文の形
〈be動詞〉
He **was** a student.
　　　↳was のあとに not
He **was not** a student.

〈一般動詞〉
He **played** tennis.
　　↳動詞の前に did not
He **didn't play** tennis.
　　　　　　↳動詞は原形

確認　短縮形
会話では短縮形がよく使われる。not と結びついた短縮形を確認しておこう。
- was not → wasn't
- were not → weren't
- did not → didn't

第3日 過去の文 実力完成テスト

*解答と解説 … 別冊 p.4
*時 間 ……… 20分
*配 点 ……… 100点満点

得点　　点

1 正しい英文になるように、____に適する語を（　）内から選んで入れなさい。〈2点×4〉

(1) I _____ ten years old at that time. （am / was / were）
(2) We _____ him last Saturday. （visit / visits / visited）
(3) I _____ Tom in the park yesterday. （see / saw / seeing）
(4) Our teacher _____ sick two weeks ago. （become / became / becomes）

2 日本文に合うように、____に適する語を入れなさい。〈2点×5〉

(1) ジェーンと私は去年同じクラスにいました。
　Jane and I _____ in the same class _____ year.
(2) ジムは昨日私の家に来ました。
　Jim _____ to my house yesterday.
(3) 彼女は100年前にその物語を書きました。
　She _____ the story one hundred years _____.
(4) 私たちは今日とても楽しいときを過ごしました。
　We _____ a very good time today.
(5) 私たちの先生はその国について学ぶために、コンピュータを使いました。
　Our teacher _____ a computer to learn about the country.

3 次の会話が成り立つように、____に適する語を入れなさい。〈3点×6〉

(1) A : _____ you on the baseball team then?
　B : Yes, I _____. We played baseball every day at that time.
(2) A : _____ your brother busy yesterday?
　B : No, he _____.
(3) A : _____ you walk to school yesterday?
　B : No, I _____. I took the bus.
(4) A : _____ your father wash the car last Saturday?
　B : Yes, he _____. And he washed it again today.
(5) A : How long _____ you stay in Kyoto last month?
　B : I _____ there for three days.
(6) A : When _____ she take these pictures?
　B : She _____ them a few weeks ago.

12

4 次の英文を（　　）内の指示にしたがって書きかえなさい。〈5点×4〉

(1) She isn't a teacher.（文末に last year を加えて）

(2) They ran to the station.（疑問文に）

(3) I knew her name.（否定文に）

(4) They played soccer <u>yesterday</u>.（下線部が答えの中心となる疑問文に）

5 日本文に合うように，次の語を並べかえなさい。ただし，不要な語が1語ずつあります。

(1) ナンシーはこの前の日曜日，図書館にいませんでした。〈5点×4〉
Nancy (did / at / was / not / the / last / library) Sunday.
Nancy _____ Sunday.

(2) 彼は私にその本をくれませんでした。
He (me / the / book / was / did / give / not).
He _____.

(3) あなたはけさ何時に起きましたか。
What (did / up / time / got / this / get / you) morning?
What _____ morning?

(4) 彼女は昨日の放課後，何をしましたか。
(after / she / do / did / does / what) school yesterday?
_____ school yesterday?

6 次の日本文を英語に直しなさい。〈6点×4〉

(1) 谷さん(Mr. Tani)は先週奈良にいました。

(2) あなたはどこでこのかばんを買いましたか。

(3) マーク(Mark)はいつ日本に来たのですか。

(4) 彼らはこの歌を知りませんでした。

第4日 進行形・未来の文

現在と過去の進行形と，be going to や will を使った未来の文を学習します。be動詞の使い分けもしっかり確認しておきましょう。

基礎の確認
解答 ▶ 別冊 p.5

❶ 進行形の文の形

▶進行形の文は〈be動詞＋〜ing〉の形で表します。be動詞は，主語や現在か過去かによって，**am, is, are, was, were** を使い分けます。次の〔　〕に適するものを右の（　）から選んで入れなさい。

(1) I'm 〔　　　　　〕 TV.　（watch / watching）
(2) He 〔　　　　　〕 sleeping right now.　（is / was）
(3) We 〔　　　　　〕 waiting for her then.　（are / were）
(4) It was 〔　　　　　〕 in the morning.　（rained / raining）

❷ ing のつけ方

▶動詞の ing 形の作り方は，**原形の語尾**によって異なります。次の動詞の ing 形を書きなさい。

(1) go   〔　　　　　〕　(2) read 〔　　　　　〕
(3) make 〔　　　　　〕　(4) come 〔　　　　　〕
(5) run   〔　　　　　〕　(6) play 〔　　　　　〕
(7) study 〔　　　　　〕　(8) swim 〔　　　　　〕

❸ 進行形の疑問文・否定文

▶進行形の**疑問文**は be動詞を主語の前に出し，**否定文**は be動詞のあとに **not** を置きます。次の文を指示にしたがって書きかえなさい。

(1) You are writing a letter.　（疑問文に）
　　　　　　　　　　　　　　　　

(2) She was walking with her mother.　（疑問文に）
　　　　　　　　　　　　　　　　

(3) We were talking about you.　（否定文に）
　　　　　　　　　　　　　　　　

復習ガイド

■ 進行形の文の形と意味
①現在進行形
　形…〈am(is, are)＋〜ing〉
　意味…「〜している」
②過去進行形
　形…〈was(were)＋〜ing〉
　意味…「〜していた」

確認 be動詞の形
　進行形で使う be動詞は，主語の**人称**，**数**（単数か複数か），**時制**（現在か過去か）によって，am, is, are, was, were を使い分ける。

■ ing のつけ方

原形の語尾	つけ方
ふつう	-ing
e で終わる	e をとって -ing
〈短母音＋子音字〉	子音字を重ねて -ing

くわしく 語尾を重ねる場合
run, swim, stop, get, sit, begin は，ru**nn**ing のように最後の子音字を1字重ねて -ing をつける。

■ 進行形の疑問文・否定文
〈疑問文〉
He is reading a book.
　　be動詞を主語の前に出す
Is he reading a book?

〈否定文〉
He is reading a book.
　　　be動詞のあとに not
He is **not** reading a book.

❹ 未来の文

▶未来は〈be going to＋動詞の原形〉か〈will＋動詞の原形〉の形で表します。次の〔　〕に適するものを右の（　）から選んで入れなさい。

(1) Emi〔　　　　〕going to visit Kobe.（be / is）
(2) I'm〔　　　　〕to play the piano.（go / going / went）
(3) He〔　　　　〕clean the room.（is / will / going）
(4) It will〔　　　　〕rainy tomorrow.（be / is / was）
(5) He is going to〔　　　　〕a car.（buy / buys）
(6) Lisa will〔　　　　〕here soon.（come / comes）
(7)〔　　　　〕going to see her today.（I'll / I'm）

❺ 未来の疑問文

▶be going to 〜 の疑問文はbe動詞を主語の前に，will の文はwill を主語の前に出して作ります。次の文を疑問文に直しなさい。

(1) Susan is going to make a cake.

(2) You are going to watch TV.

(3) She will be seventeen next year.

(4) They are going to come to the party.

❻ 未来の否定文

▶be going to 〜 の否定文はbe動詞のあとにnot, will の文はwill のあとにnot を置きます。次の文を否定文に直しなさい。

(1) Ken is going to be busy tomorrow.

(2) I will buy that book.

(3) I'm going to visit him.

■ 未来の文の形と意味
形…①〈be going to＋動詞の原形〉
　　②〈will＋動詞の原形〉
意味…「〜するつもりだ」「〜するだろう」

確認　be の使い分け
be going to 〜 の文では，be動詞は主語に合わせて，am, is, are などを使い分ける。

■ 未来を表す語句
□tomorrow（明日）
□next 〜（次の〜）
　next week〔month〕（来週〔月〕）
　next Sunday（次の日曜日）

■ 未来の疑問文
〈be going to 〜の文〉
He is going to swim.
　↙be動詞を主語の前に出す
Is he going to swim?

〈will の文〉
He will swim.
　↙will を主語の前に出す
Will he swim?

確認　疑問文の答え方
① be going to 〜 の疑問文には，ふつうのbe動詞の疑問文と同じように，be動詞を使って答える。
② Will 〜? には，will を使って，Yes, 〜 will. や No, 〜 will not. などと答える。

■ 未来の否定文
〈be going to 〜の文〉
He is going to swim.
　　　↙be動詞のあとにnot
He is not going to swim.

〈will の文〉
He will swim.
　　　↙will のあとにnot
He will not swim.

ミス注意　will not の短縮形
will not の短縮形は won't となることに注意。

第4日 進行形・未来の文 実力完成テスト

1 正しい英文になるように，___に適する語を（　）内から選んで入れなさい。〈2点×6〉

(1) We're _____ to music. （going / doing / listening）

(2) _____ you going to use this computer? （Will / Are / Be）

(3) My aunt _____ come to my house tomorrow. （will / going / is）

(4) He'll _____ fifteen years old next month. （be / is / was）

(5) Ken and Taro _____ studying English then. （is / were / will）

(6) What _____ you going to have for lunch? （is / will / are）

2 日本文に合うように，___に適する語を入れなさい。〈3点×6〉

(1) 彼女はそのとき公園で走っていました。
She _____ _____ in the park then.

(2) 彼らはどれくらいの間日本に滞在する予定ですか。
How long are they _____ to _____ in Japan?

(3) 私は明日は野球をするつもりはありません。
I'm _____ _____ to play baseball tomorrow.

(4) あなたはこんどの土曜日は忙しいですか。
_____ you _____ busy next Saturday?

(5) ブライアンは今コンピュータを使っていますか。
_____ Brian _____ the computer now?

(6) 2人の女の子があそこのベンチにすわっていました。
Two girls _____ _____ on the bench over there.

3 次の会話が成り立つように，___に適する語を入れなさい。〈4点×4〉

(1) A : _____ are you _____, Paul?
    B : I'm reading a book.

(2) A : _____ Mary _____ to visit Kyoto next month?
    B : Yes, she is. She wants to visit some temples there.

(3) A : _____ Tom come tomorrow?
    B : No, he _____. He'll be busy.

(4) A : _____ you sleeping when I called you last night?
    B : No, I wasn't. I _____ taking a bath.

4 日本文に合うように，次の語を並べかえなさい。ただし，不要な語が1語ずつあります。

(1) 私が彼を訪ねたとき，彼はテレビを見ていました。 〈4点×5〉
He (watched, TV, visited, was, when, I, watching) him.
He _____ him.

(2) 私の姉は将来，英語の先生になるでしょう。
My sister (an / be / is / will / to / English / going) teacher in the future.
My sister _____ teacher in the future.

(3) 京子は明日の朝6時に起きるつもりです。
Kyoko (up / going / gets / is / at / get / to) six tomorrow morning.
Kyoko _____ six tomorrow morning.

(4) 彼らはどこでテニスをするつもりですか。
(to / be / they / are / where / play / going) tennis?
_____ tennis?

(5) あなたは夏休みをどのように過ごす予定ですか。
(to / how / doing / you / are / spend / going) your summer vacation?
_____ your summer vacation?

5 次の英文を（　）内の指示にしたがって書きかえなさい。 〈4点×4〉

(1) They swam in the river. （過去進行形の文に）

(2) He doesn't do his homework. （現在進行形の否定文に）

(3) Mary helps her brother. （文末に tomorrow を加えて）

(4) My father is going to work next Sunday. （否定文に）

6 次の日本文を（　）内の語を使って英語に直しなさい。 〈6点×3〉

(1) 明日は晴れるでしょう。(will)

(2) だれが私の母と話していましたか。(talking)

(3) あなたは次の土曜日に何をしますか。(going)

第5日 助動詞

can, may, must の助動詞のほかに, should, could の文や May I ~? の文などについて学習します。それぞれの意味をしっかり確認しましょう。

基礎の確認

解答▶別冊 p.6

❶ can, may, must の文

▶can は「~できる」, may は「~かもしれない, ~してもよい」,
 ↳過去形は could ↳能力を表す ↳推量を表す ↳許可を表す
must は「~しなければならない」の意味を表す助動詞です。次の
 ↳義務を表す
〔　　〕に適するものを右の(　　)から選んで入れなさい。

(1) 私はもう家に帰らなければなりません。
　　I 〔　　　　　〕 go home now. （must / may）

(2) 彼はフランス語を話すことができます。
　　He 〔　　　　　〕 speak French. （can / may）

(3) 彼女は今日は遅れるかもしれません。
　　She 〔　　　　　〕 be late today. （must / may）

(4) 私は子どものときとても速く泳ぐことができました。
　　I 〔　　　　　〕 swim very fast when I was a child.
　　　　　　　　　　　　　　　　　　　　　　（may / could）

❷ 助動詞の疑問文と否定文

▶助動詞の疑問文は助動詞を主語の前に出し, 否定文は助動詞のあと
に not を置きます。次の文を指示にしたがって書きかえなさい。

(1) She can play the piano. （疑問文に）
　　　　　　　　　　　　　　　　
　　↳「彼女はピアノを弾けますか」の文

(2) He may come to the party. （否定文に）
　　　　　　　　　　　　　　　　
　　↳「彼はパーティーに来ないかもしれない」の文

❸ have(has) to ~ の文

▶have(has) to ~ は「~しなければならない」という意味を表します。
 ↳主語が3人称単数のとき
(　　)内の日本語を参考にして, 〔　　〕に適する語を入れなさい。
　　Ken 〔　　　　〕〔　　　　　〕 help his mother.
　　（ケンはお母さんを手伝わなければなりません。）

復習ガイド

くわしく　助動詞の意味

can	~できる, ~でありうる, ~してもよい
may	~してもよい, ~かもしれない
must	~しなければならない, ~にちがいない

❷ 助動詞の用法
〈助動詞＋動詞の原形〉の形で使い, 主語によって助動詞が変化することはない。

❸ 助動詞の疑問文と否定文
〈疑問文〉
You can swim.
　　↳助動詞を主語の前に
Can you swim?

〈否定文〉
You can swim.
　　　↳助動詞のあとに not
You can't swim.

確認　短縮形
can not → can't
must not → mustn't
　　　　　　［mʌ́snt マスント］

くわしく　be able to ~
be able to ~ も「~できる」という意味を表す。

ミス注意　don't have to ~
must not ~ は「~してはいけない」という意味で「禁止」を表すが, don't(doesn't) have to ~ は「~する必要はない」という意味で, 「不必要」を表すので注意すること。

● 助動詞

❹ May〔Can〕I ~? の文

▶May〔Can〕I ~? は**「~してもいいですか」**と**許可**を求める表現です。（↳May よりもくだけた言い方）（　）内の日本語を参考にして,〔　〕に適する語を入れなさい。

(1) A :〔　　　　　〕I open the window?
　　　（窓を開けてもいい？）
　B : Sure. （いいですよ。）

(2) A : May 〔　　　　　〕〔　　　　　〕a question,
　　　Mr. Tanaka?（質問をしてもいいですか, 田中先生。）
　B : Yes, of course. （いいですよ, もちろん。）

❺ Can〔Could〕you ~? の文

▶Can you ~? は**「~してくれますか」**という気軽な依頼を表します。Could you ~? を使うと, よりていねいな言い方になります。（　）内の日本語を参考にして,〔　〕に適する語を入れなさい。

(1)〔　　　　　〕you help me with my homework?
　　（私の宿題を手伝ってくれない？）

(2)〔　　　　　〕you close the door, please?
　　（ドアを閉めていただけますか。）

❻ May I ~? / Can you ~? の答え方

▶May I ~? や Can you ~? には, Yes, No を使う答え方だけではなく, **いろいろな答え方**があります。次の文の答えとして適するものを下の（　）から選んで入れなさい。

(1) A : May I use this computer, Jack?
　B :〔　　　　　　　　　〕

(2) A : Can you come with me?
　B :〔　　　　　　　　　〕I'm busy.
　　（I'm sorry, I can't. / You're welcome. / Sure. Go ahead.）

❼ should の文

▶should は,「~したほうがよい, ~すべきである」の意味を表します。should を入れて「~したほうがよい」の文に直しなさい。
　He studies harder.
　　　　　↳「もっと熱心に」

　↳「彼はもっと熱心に勉強すべきです」の文

◘ **May〔Can〕I ~? の文**
　May〔Can〕I ~? は**「~してもいいですか」**と相手に許可を求める表現になる。

くわしく 答え方
　許可を求める May〔Can〕I ~? には次のように答える。
□Sure. （いいですよ。）
□Yes, of course.
　（はい, もちろん。）
□Go ahead. （どうぞ。）

◘ **Can〔Could〕you ~?**
　Can you ~?（~してくれますか）は気軽な依頼表現で, 友達などに使われる。
　Could you ~?（~していただけますか）はていねいで控えめな依頼表現で, 目上の人などに対しても使える。

くわしく 答え方
　Can you ~? や Could you ~? に対しては, Sure. / All right. / Yes, of course. などで応じる。依頼を断るときは I'm sorry. などと謝って, できない理由を伝えるとよい。

◘ **should の意味**
　should は「~したほうがよい, ~すべきである」という意味を表す。

ミス注意 動詞は原形
　will, can, may, must, should などの助動詞のあとにくる**動詞はいつも原形**にする。

第5日 助動詞 実力完成テスト

1 正しい英文になるように，＿＿に適するものを（　）内から選んで入れなさい。〈2点×5〉

(1) Aya can ＿＿＿＿＿ the guitar well.　(play / plays / playing)
(2) Tom has ＿＿＿＿＿ to bed early tonight.　(go / goes / to go)
(3) "＿＿＿＿＿ you help us?" "Sure."　(Are / Can / Should)
(4) "＿＿＿＿＿ I use this dictionary?" "Sure. Go ahead."　(May / Did / Have)
(5) "Do I have to finish this work today?"
　　"No, you don't ＿＿＿＿＿ to."　(must / going / have)

2 各組の英文がほぼ同じ内容になるように，＿＿に適する語を入れなさい。〈4点×4〉

(1) ｛ Ken must practice more.
　　　Ken ＿＿＿＿＿ to ＿＿＿＿＿ more.

(2) ｛ Wash your hands before lunch.
　　　You ＿＿＿＿＿ wash your hands before lunch.

(3) ｛ Don't swim in this river.
　　　You ＿＿＿＿＿ ＿＿＿＿＿ swim in this river.

(4) ｛ Please close the door.
　　　＿＿＿＿＿ ＿＿＿＿＿ close the door?

3 日本文に合うように，＿＿に適する語を入れなさい。〈4点×6〉

(1) 久美は英語で手紙を書くことができません。
　　Kumi ＿＿＿＿＿ ＿＿＿＿＿ a letter in English.
(2) あなたはもう家に帰ったほうがいいです。
　　You ＿＿＿＿＿ go home now.
(3) 彼の話は本当かもしれません。
　　His story ＿＿＿＿＿ ＿＿＿＿＿ true.
(4) 私たちは1時間以上待たなければなりませんでした。
　　We ＿＿＿＿＿ ＿＿＿＿＿ wait for more than an hour.
(5) この箱を開けてもいいですか。
　　＿＿＿＿＿ ＿＿＿＿＿ open this box?
(6) もう少しゆっくり話していただけませんか。
　　＿＿＿＿＿ ＿＿＿＿＿ speak a little more slowly?

4 次の対話文の＿＿に適する文を下の（　　）内から選んで入れなさい。〈5点×2〉

(1) A : Could you sing this English song, Takeshi?
　　B : ＿＿＿＿＿＿＿＿＿＿＿＿＿＿ I'll do my best.
　　　（No, I won't. / Yes, please. / Sure.）

(2) A : May I use your bike, Yuko?
　　B : ＿＿＿＿＿＿＿＿＿＿＿＿＿＿
　　　（Yes, I can. / Sure. Go ahead. / No, I mustn't.）

5 日本文に合うように，次の語（句）を並べかえなさい。ただし，不要な語が1語ずつあります。

(1) 彼女はその本を読むことができませんでした。　　〈5点×4〉
　　She（able / not / can / to / was / read）the book.
　　She ＿＿＿＿＿＿＿＿＿＿＿＿＿＿＿＿＿＿ the book.

(2) 彼は何時に起きなければなりませんか。
　　What time（get / to / does / has / have / up / he）?
　　What time ＿＿＿＿＿＿＿＿＿＿＿＿＿＿＿＿?

(3) このかばんを運んでいただけますか。
　　（may / carry / could / this bag / you）for me?
　　＿＿＿＿＿＿＿＿＿＿＿＿＿＿＿＿＿＿ for me?

(4) 私たちはお互いに親切にするべきです。
　　We（are / be / should / kind）to each other.
　　We ＿＿＿＿＿＿＿＿＿＿＿＿＿＿＿＿ to each other.

6 次の日本文を英語に直しなさい。〈5点×4〉

(1) 窓を開けてもいいですか。

(2) 私は一生けんめい英語を勉強しなければなりません。

(3) 駅へ行く道を教えていただけませんか。

(4) あなたはその本を買う必要はありません。

〈to＋動詞の原形〉・動名詞

〈to＋動詞の原形〉(不定詞)と動名詞(動詞のing形)について学習します。
不定詞の基本3用法と動名詞の働きをしっかりつかみましょう。

基礎の確認

解答▶別冊 p.7

❶ 不定詞の形

▶〈to＋動詞の原形〉は不定詞と呼ばれ，この**形はつねに変わりません**。
　　　　　　　　　　　　　↳toのあとの動詞はいつも原形
次の〔　〕に適するものを右の(　)から選んで入れなさい。

(1) Mary likes to 〔　　　　〕 soccer. (play / plays)
(2) He came here to 〔　　　　〕 you. (see / saw)
(3) Bill wanted to 〔　　　　〕 home. (go / goes / went)

❷ 名詞的用法

▶**名詞的用法**の不定詞は「**〜すること**」の意味で，名詞と同じ働きをします。(　)内の日本語を参考にして〔　〕に適する語を入れなさい。

(1) I like 〔　　　　〕 play the piano. (ピアノを弾くのが好き)
(2) I want 〔　　　　〕〔　　　　〕 in the park.
　　(公園を歩きたい)
(3) It began 〔　　　　〕〔　　　　〕 suddenly.
　　　　　　　　　　　　　　↳「とつぜん」
　　(とつぜん雨が降り始めた)

❸ 副詞的用法

▶**副詞的用法**の不定詞は，「**〜するために**」と**目的**を表したり，「**〜して**」と**原因**を表したりします。〔　〕に日本語を入れて，英文の日本語訳を完成しなさい。

(1) They went there to help sick people.
　彼らは病気の人々を〔　　　　　　〕そこに行きました。
(2) I'm glad to hear the news.
　私はその知らせを〔　　　　　　〕うれしい。
(3) Why were you in the library? —— To study math.
　なぜ図書館にいましたか。——数学を〔　　　　　　〕。

復習ガイド

◆ 不定詞の形と3用法
形…〈to＋動詞の原形〉
　主語や時制によって，形が変わることはない。
用法…文中の働きによって，
　①名詞的用法
　②副詞的用法
　③形容詞的用法
の3つの用法がある。

◆ 名詞的用法
「**〜すること**」の意味で，名詞と同じ働きをして，文中で動詞の目的語や主語，補語になる。

確認 よく出る〈動詞＋to 〜〉
want to 〜　　「〜したい」
like to 〜　　「〜するのが好きだ」
begin to 〜　　「〜し始める」
start to 〜　　「〜し始める」
try to 〜　　「〜しようとする」

◆ 副詞的用法
①目的…「**〜するために**」「**〜しに**」の意味で，動詞を修飾。
②原因…「**〜して**」の意味で，感情を表す形容詞を修飾する。

確認 原因を表す不定詞
be happy(glad) to 〜
　　「〜してうれしい」
be sorry to 〜　「〜して残念だ」
be surprised to 〜　「〜して驚く」

ミス注意 Why 〜? — To 〜.
Why 〜?(なぜ〜か)の問いに，「〜するためです」と目的を答える場合は，To 〜.と不定詞で答えることもある。

❹ 形容詞的用法

▶**形容詞的用法**の不定詞は，「**〜するための**」「**〜すべき**」の意味で名詞や something などのあとに置きます。日本文に合うように，（　）内の語を並べかえなさい。

(1) 私はすることがたくさんあります。
　　I have a lot of (to / things / do).
　　I have a lot of ＿＿＿＿＿＿＿＿＿＿＿＿＿．

(2) 何か温かい飲みものを買いましょう。
　　Let's buy (drink / something / to / warm).
　　Let's buy ＿＿＿＿＿＿＿＿＿＿＿＿＿．

❺ 動名詞の用法

▶**動名詞**は，**動詞の ing 形**が**名詞と同じ働き**をするものです。次の〔　〕に右の（　）内の語を適する形（1語）にして入れなさい。

(1) I like 〔　　　　〕TV. （watch）
(2) 〔　　　　〕basketball is fun. （play）
(3) She began 〔　　　　〕English last year. （study）
　　↑「彼女は去年英語を勉強し始めた」の文に
(4) Thank you for 〔　　　　〕. （call）
　　↑「電話をしてくれてありがとう」の文に

❻ 動名詞と不定詞

▶**動名詞**と**名詞的用法の不定詞**はどちらも名詞の働きをします。次の文を動名詞を使って，同じ内容の文に直しなさい。

(1) He loves to listen to music.
　　＿＿＿＿＿＿＿＿＿＿＿＿＿＿＿＿＿＿＿＿＿

(2) We started to work together.
　　＿＿＿＿＿＿＿＿＿＿＿＿＿＿＿＿＿＿＿＿＿

❼ 動名詞を目的語にとる動詞など

▶**動名詞だけ**を目的語にとる動詞，**不定詞だけ**を目的語にとる動詞などがあります。次の〔　〕に適するものを右の（　）から選んで入れなさい。

(1) He enjoyed 〔　　　　〕. （to run / running）
(2) He wanted 〔　　　　〕. （to run / running）
(3) He's good at 〔　　　　〕. （to run / running）
　　↑be good at 〜は「〜が得意である」

形容詞的用法
「〜するための」の意味で，形容詞の働きをして，後ろから前の名詞・代名詞を修飾する。

くわしく 〜thing の場合
something, anything などを形容詞と不定詞が修飾する場合は，〈〜thing＋形容詞＋不定詞〉の語順になる。
something cold to drink
（何か冷たい飲みもの）

動名詞の形と用法
形…**動詞の ing 形**
意味…「〜すること」
働き…名詞と同じ働きをする。
① 動詞の目的語
　I like **singing**.
　（私は歌うことが好きです。）
② 主語・補語
　Singing is a lot of fun.
　（歌うことはとても楽しい。）
③ 前置詞の目的語
　How about **playing** tennis?
　（テニスをするのはどうですか。）

動名詞と不定詞
動名詞は名詞の働きをするので，名詞的用法の不定詞に置きかえられるときがある。
I like **singing**.
I like **to sing**.

ミス注意 動詞に注目！
動詞には動名詞か不定詞のどちらかしか目的語にとらないものがある。使い分けに注意！
① 目的語に動名詞だけをとる
　enjoy（楽しむ），stop（やめる），finish（終える）など。
② 目的語に不定詞だけをとる
　want（欲する），wish（願う），hope（希望する）など。
③ どちらもとる
　like（好む），love（愛する），begin（始める），start（始める）など。

第6日 〈to+動詞の原形〉・動名詞 実力完成テスト

*解答と解説…別冊 p.7
*時　間………20分
*配　点………100点満点
得点　　　点

1 正しい英文になるように，___ に適するものを（　）内から選んで入れなさい。〈2点×9〉

(1) Mika went to Osaka to _____ her aunt. (see / sees / saw)
(2) I want _____ a doctor in the future. (is / be / to be)
(3) Reading English books _____ difficult for me. (is / are / be)
(4) I enjoyed _____ a baseball game on TV until late last night.
　　(watched / to watch / watching)
(5) He wants _____ Kyoto some day. (visits / to visit / visiting)
(6) It will stop _____ soon. (snow / to snow / snowing)
(7) She hoped _____ at that hotel. (stayed / to stay / staying)
(8) Jane is interested in _____ Japanese. (learn / to learn / learning)
(9) A : Why did you go to the park yesterday?
　　B : I went there _____ tennis. (play / to play / played)

2 次の英文の___に，（　）内の語を適する形にして入れなさい。ただし，2語になる場合もあります。〈3点×6〉

(1) They finished _____ lunch. (eat)
(2) He left the room without _____ anything. (say)
(3) I don't have time _____ the game. (play)
(4) Stop _____ and come here. (run)
(5) He got up early _____ his homework. (do)
(6) I was tired after _____ all day. (walk)

3 各組の英文がほぼ同じ内容になるように，___ に適する語を入れなさい。〈3点×4〉

(1) ｛ My sister started studying Chinese.
　　 My sister started _____ _____ Chinese.

(2) ｛ I like to talk with my friends.
　　 I like _____ with my friends.

(3) ｛ Emily sings well.
　　 Emily is good at _____.

(4) ｛ My father is busy this afternoon.
　　 My father has a lot of things _____ _____ this afternoon.

4 日本文に合うように，＿＿に適する語を入れなさい。 〈4点×4〉

(1) 私は何か熱い飲みものがほしい。
I want something ＿＿＿＿ ＿＿＿＿ ＿＿＿＿.

(2) またあなたに会えてうれしい。
I'm glad ＿＿＿＿ ＿＿＿＿ you again.

(3) 公園を歩くのはどうですか。
How ＿＿＿＿ ＿＿＿＿ in the park?

(4) 私は彼の質問に答えようとしました。
I ＿＿＿＿ ＿＿＿＿ ＿＿＿＿ his question.

5 次の語（句）を並べかえて，意味の通る英文にしなさい。 〈4点×5〉

(1) They (enjoy / songs / will / the / singing).
They ＿＿＿＿.

(2) Are you (in / taking / pictures / interested)?
Are you ＿＿＿＿?

(3) We (each / to / must / understand / try) other.
We ＿＿＿＿ other.

(4) Kyoto (places / see / to / a lot / has / of).
Kyoto ＿＿＿＿.

(5) Cathy (to / work / of / do / a lot / has) today.
Cathy ＿＿＿＿ today.

6 次の日本文を英語に直しなさい。 〈4点×4〉

(1) 彼らは昨日，水泳をして楽しみました。

(2) 私は今日することが何もありません。

(3) 私をそのパーティーに招待してくれてありがとう。

(4) あなたは将来，何になりたいですか。

第7日 いろいろな文型

There is ～. の文型や，look, give などのきまった動詞が作るいろいろな文型について学習します。文のしくみをしっかりと確認しておきましょう。

基礎の確認
解答 ▶ 別冊 p.8

❶ There is（are）～. の文

▶There is（are）～. の文の be動詞は，**主語**と**時制**によって使い分けます。次の〔　〕に適するものを右の（　）から選んで入れなさい。
　→単数か複数か　→現在か過去か

(1) There 〔　　　　〕 a cat in the box.（is / are）

(2) There 〔　　　　〕 two pens on the desk.（is / are）

(3) There 〔　　　　〕 a boy in the room.（was / were）

❷ There is（are）～. の疑問文・否定文

▶There is（are）～. の文の**疑問文**は **be動詞を there の前**に出し，**否定文**は **be動詞のあとに not** を置きます。次の(1), (2)を疑問文に，(3)を否定文に直しなさい。

(1) There is some water in the cup.（疑問文に）

------

(2) There are a lot of people in this town.（疑問文に）

------

(3) There was a picture on the wall.（否定文に）

------

❸ look, become などの文

▶look, become などの動詞は，**主語のようすを説明する語句**があとにくる文型を作ります。次の〔　〕に適するものを右の（　）から選んで入れなさい。
　→look at ～（～を見る）とのちがいに注意　→「補語」とよばれる。主語＝補語の関係になる

(1) He 〔　　　　〕 a teacher.（became / came）
　↑「彼は先生になりました」の文に

(2) That girl 〔　　　　〕 sad.（likes / looks）
　↑「あの女の子は悲しそうに見えます」の文に

(3) That 〔　　　　〕 good.（sounds / gives）
　↑相手の言ったことを受けて「それはいいですね」の文に

復習ガイド

❶ There is（are）～. の文
〈There is（are）＋主語＋場所を表す語句.〉で，「…に～がある〔いる〕」の意味を表す。

❷ 過去形
There is（are）～. の is（are）を過去形の was（were）にすれば，「…に～があった〔いた〕」の過去の意味を表す。

❸ 疑問文と否定文
〈疑問文〉
There **is** a book on the desk.
　　be動詞を there の前へ
Is there a book on the desk?

〈否定文〉
There **is** a book on the desk.
　　　be動詞のあとに not
There is **not** a book on the desk.

確認 some と any
some はおもに肯定文で使う。疑問文，否定文ではふつう **any** を使う。

くわしく look, become など
〈主語（S）＋動詞（V）＋補語（C）〉で，「…は～に見える」「…は～になる」などの意味を表す。
主語と補語はイコールの関係になる。

❹ SVC の文型を作る動詞
☐be動詞（～です）
☐become（～になる）
☐look（～に見える）
☐get（～になる）
☐sound（～に聞こえる）

26

❹ give, tell などの文

▶ give, tell, show などの動詞は **2つの目的語**をとることができます。代名詞が目的語になるときは**目的格**にします。次の〔　〕に適するものを右の（　）から選んで入れなさい。

(1) I gave 〔　　　　　〕 this book.　(he / him)
　　↳「私は彼にこの本をあげた」の文に
(2) I'll 〔　　　　　〕 you my pictures.　(show / look)
　　↳「あなたに私の写真を見せましょう」の文に
(3) Our teacher 〔　　　　　〕 us this story.　(talked / told)
　　↳「先生が私たちにこの話をした」の文に
(4) He 〔　　　　　〕 her lunch.　(played / made)
　　↳「彼が彼女に昼食を作った」の文に

❺ give, tell などの文の語順

▶ give, tell などの文の2つの目的語は**〈人＋物〉**の語順になります。次の（　）内の語を並べかえなさい。
　　　　　　　　　　　　　　　　↳「～に」↳「～を」

(1) My father bought (a / me / dictionary).
　　My father bought ＿＿＿＿＿＿＿＿＿＿＿.
(2) Could you (me / to / the / tell / way) the park?
　　Could you ＿＿＿＿＿＿＿＿＿＿＿ the park?
(3) I'll (him / books / give / these).
　　I'll ＿＿＿＿＿＿＿＿＿＿＿.

❻ SVOO→〈SVO＋to〔for〕＋人〉

▶ give, tell などの文は，**〈人＋物〉**の語順を入れかえて，**〈物＋to＋人〉**でも表されることがあります。次の文を，to を使って同じ意味の文に書きかえなさい。

(1) Tom gave her a present.
　　＿＿＿＿＿＿＿＿＿＿＿＿＿＿＿＿＿＿＿
(2) Beth sent him some books.
　　＿＿＿＿＿＿＿＿＿＿＿＿＿＿＿＿＿＿＿

❼ call, name などの文

▶ call, name などの動詞は，**目的語と補語**を同時にとる文型を作ります。次の〔　〕に適するものを右の（　）から選んで入れなさい。
　　↳目的語＝補語の関係になる

(1) We 〔　　　　　〕 him Ken.　(call / give)
(2) They 〔　　　　　〕 the baby Aya.　(taught / named)
(3) The news 〔　　　　　〕 her sad.　(called / made)
(4) We must 〔　　　　　〕 the river clean.　(keep / look)

くわしく give, tell など
SVOOの文。〈主語(S)＋動詞(V)＋目的語(O)＋目的語(O)〉で，「…は(人)に(物)を～する」の意味を表す。

■ SVOO の文型を作る動詞
give（与える），tell（言う），show（見せる），send（送る），teach（教える），make（作る），buy（買う）など。

■ 〈SVO＋to＋人〉
SVOO の〈人＋物〉の語順を入れかえて，〈物＋to＋人〉で表すことができる。
　I gave him a pen.
　　　〈人＋物〉
　I gave a pen to him.
　　　〈物＋to＋人〉

確認 to か for か
〈SVO＋to ～〉形の動詞
　give, tell, show, send, teach など。
〈SVO＋for ～〉形の動詞
　make, buy, get など。

くわしく 「物」が代名詞
〈SV＋人＋物〉で「物」が代名詞なら，〈SVO＋to ～〉の語順で表す。
　× I'll give him it.
　○ I'll give it to him.

くわしく call, name などの文
SVOCの文。〈主語(S)＋動詞(V)＋目的語(O)＋補語(C)〉の形。
SVOC の文を作る動詞は，
call（…を～と呼ぶ）
name（…を～と名づける）
make（…を～にする）
keep（…を～にしておく）
find（…が～とわかる）など。

くわしく SVOC の文
SVOC の文では**目的語(O)＝補語(C)**の関係が成り立つ。
　We call him Ken.
　　　　　him＝Kenの関係

第7日 いろいろな文型 実力完成テスト

*解答と解説 … 別冊 p.8
*時 間 ……… 20分
*配 点 ……… 100点満点

得点　　　　点

1 正しい英文になるように，＿＿に適する語を（　）内から選んで入れなさい。〈2点×4〉

(1) There ＿＿＿＿＿＿ some cats in that house. （have / is / are）
(2) There ＿＿＿＿＿＿ some milk in the cup. （have / was / were）
(3) It will ＿＿＿＿＿＿ dark soon. （get / like / see）
(4) The boys ＿＿＿＿＿＿ me the way to the hospital. （talked / spoke / told）

2 日本文に合うように，＿＿に適する語を入れなさい。〈4点×5〉

(1) あなたのお父さんは年のわりに若く見えます。
   Your father ＿＿＿＿＿＿ young for his age.
(2) その雲は鳥のように見えました。
   The cloud ＿＿＿＿＿＿ ＿＿＿＿＿＿ a bird.
(3) あなたに質問してもいいですか。
   May I ＿＿＿＿＿＿ ＿＿＿＿＿＿ a question?
(4) あなたたちはその本がおもしろいとわかるでしょう。
   You'll ＿＿＿＿＿＿ the book ＿＿＿＿＿＿ .
(5) 私は彼らに私の犬の写真を見せました。
   I ＿＿＿＿＿＿ ＿＿＿＿＿＿ a picture of my dog.

3 各組の英文がほぼ同じ内容になるように，＿＿に適する語を入れなさい。〈4点×6〉

(1) ｛ A year has twelve months.
   ＿＿＿＿＿＿ ＿＿＿＿＿＿ twelve months in a year.
(2) ｛ Mr. Oka is our English teacher.
   Mr. Oka ＿＿＿＿＿＿ ＿＿＿＿＿＿ English.
(3) ｛ I gave some pictures to him.
   I ＿＿＿＿＿＿ ＿＿＿＿＿＿ some pictures.
(4) ｛ There are no stores around here.
   There ＿＿＿＿＿＿ any stores around here.
(5) ｛ She felt happy when she heard the news.
   The news ＿＿＿＿＿＿ her happy.
(6) ｛ What is the name of this flower in English?
   What do you ＿＿＿＿＿＿ this flower in English?

4 次の会話が成り立つように，＿＿に適する語を入れなさい。 〈4点×3〉

(1) A : ＿＿＿＿＿＿ there a book on the desk?
   B : Yes, ＿＿＿＿＿＿ is.

(2) A : ＿＿＿＿＿＿ there any students in this classroom last Saturday?
   B : No, there ＿＿＿＿＿＿ .

(3) A : What's in the bag?
   B : ＿＿＿＿＿＿ ＿＿＿＿＿＿ some books.

5 日本文に合うように，次の語(句)を並べかえなさい。 〈4点×5〉

(1) 11月は何日ありますか。
   (days / there / many / in / how / are) November?
   ＿＿＿＿＿＿＿＿＿＿＿＿＿＿＿＿＿＿＿＿＿ November?

(2) あなたに私の家を案内しましょう。
   (my / show / I'll / you / house).
   ＿＿＿＿＿＿＿＿＿＿＿＿＿＿＿＿＿＿＿＿＿．

(3) 父は私の10歳の誕生日に私にピアノを買ってくれました。
   My father (a piano / on / for / me / bought) my tenth birthday.
   My father ＿＿＿＿＿＿＿＿＿＿＿＿＿＿＿＿＿ my tenth birthday.

(4) あなたの友達はあなたを何と呼びますか。
   What (you / your / do / call / friends)?
   What ＿＿＿＿＿＿＿＿＿＿＿＿＿＿＿＿＿＿＿＿?

(5) この物語で彼は有名になりました。
   (made / this / famous / story / him).
   ＿＿＿＿＿＿＿＿＿＿＿＿＿＿＿＿＿＿＿＿＿．

6 次の日本文を英語に直しなさい。 〈4点×4〉

(1) 私をジュン(Jun)と呼んでください。

(2) 彼の両親は彼に何か食べる物を送ってくれます。

(3) 彼は彼女を幸せにしましたか。

(4) 私の町には公園が3つあります。

第8日 接続詞・前置詞

接続詞と前置詞をまとめて学習します。接続詞は意味と用法をしっかり理解しましょう。前置詞は at, on, in などの使い分けに注意しましょう。

基礎の確認

解答 ▶ 別冊 p.9

❶ and, but, or, so

▶ and, but, or, so は語と語,句と句,文と文を対等の関係で結びます。次の〔　〕に,and, but, or, so のうちから適するものを選んで入れなさい。ただし,同じ語は2回使わないこととする。

(1) I have one brother 〔　　　　〕 two sisters.

(2) I went to bed late last night, 〔　　　　〕 I'm sleepy now.

(3) We looked for her 〔　　　　〕 we couldn't find her.

(4) Hurry up, 〔　　　　〕 you'll be late for school.
　　↑「急ぎなさい、そうしないと学校に遅れますよ」の文に

❷ when, if など

▶ 接続詞 when は,〈When ～, ….〉や〈… when ～.〉の形で,「～のとき…」という意味を表します。(　)内の日本語を参考にして,〔　〕に when, before, after, if, because のうちから適するものを選んで入れなさい。

(1) Wash your hands 〔　　　　〕 you eat.(食べる前に)

(2) I'll help you 〔　　　　〕 you're busy.(もし忙しいなら)

(3) She was out 〔　　　　〕 I visited her.(訪れたとき)

(4) Why do you like winter? ― 〔　　　　〕 I like skiing.(スキーが好きだから)

(5) He came 〔　　　　〕 the bus left.(バスが出たあとに)

❸ 接続詞 that

▶ 接続詞 that は,〈that＋主語＋動詞 ～〉の形で,動詞 know などの目的語になります。次の文を I know のあとに続けなさい。
　　　　　　　　　　　　　　↑省略されることもある

(1) He can swim well.→＿＿＿＿＿＿＿＿＿＿＿
　　　　　　　　　　　↑「彼はじょうずに泳げるということを私は知っています」の文に

(2) You're from Tokyo.→＿＿＿＿＿＿＿＿＿＿＿
　　　　　　　　　　　↑「あなたは東京の出身だということを私は知っています」の文に

復習ガイド

❶ and, but, or, so の意味
- and　（～と…,～そして…）
- but　（しかし,だが）
- or　（～か…,または）
- so　（それで,だから）

くわしく 命令文, and(or) ～.
〈命令文, and ～.〉⇒
「…しなさい,そうすれば～」
〈命令文, or ～.〉⇒
「…しなさい,さもないと～」

❷ 時・条件などを表す接続詞
- when　（～のとき）
- before　（～する前に）
- after　（～したあとに）
- if　（もし～ならば）
- because　（なぜなら～だから）

ミス注意 時・条件のとき
時・条件を表す副詞節では,未来のことも現在形で表す。
I'll go if it is fine tomorrow.
　　　　　　　↑現在形
(明日晴れなら,私は行きます。)

確認 Why ～?―Because ～.
Why ～?（なぜ～か）の問いには,〈Because＋主語＋動詞 ～.〉（なぜなら～だから）の形で答える。

❸ 接続詞 that
「～ということ」の意味で, that 以下が, know, think などの動詞の目的語になる。この that は省略できる。

30

❹ 時を表す at, on, in

▶「〜時に」,「〜曜日に, 〜日に」「〜月に, 〜年に, 午前に」などは, at, on, in を使い分けます。次の〔　〕に, at, on, in のうちから適するものを選んで入れなさい。

(1) I got up 〔　　　〕 six 〔　　　〕 the morning.
(2) I often play tennis 〔　　　〕 Sundays.
(3) We have a lot of rain 〔　　　〕 June.
(4) Ms. Green came to Japan 〔　　　〕 2004.

❺ 場所・方向を表す前置詞

▶比較的**狭い場所**か**広い場所**かで, **at** と **in** を使い分けます。また, **on** は**接触**していることを表しています。次の〔　〕に適するものを右の（　）から選んで入れなさい。

(1) My uncle lives 〔　　　〕 Canada. (at / on / in)
(2) Look at the picture 〔　　　〕 the wall.(at / on / in)
(3) We learn English 〔　　　〕 school.(at / on / to)
(4) He's sitting 〔　　　〕 the tree.(between / under / into)

❻ そのほかの前置詞

▶「〜で」と**手段**や**道具**を表す前置詞には **by, with, in** があり, ほかに, **for** は**目的**を, **about** は「〜について」という意味を表します。次の〔　〕に適するものを右の（　）から選んで入れなさい。

(1) He talked 〔　　　〕 the earth.(with / about / in)
(2) They went there 〔　　　〕 car. (of / for / by)
(3) She wrote a letter 〔　　　〕 English.(for / in / at)
(4) Can I go 〔　　　〕 you? (into / of / with)

❼ 前置詞を含む連語

▶**連語**は1つずつ確実に覚えましょう。〔　〕に適する語を入れて日本語に合う連語を完成しなさい。

(1) もちろん　　　　〔　　　〕 course
(2) 〜をさがす　　　look 〔　　　〕 〜
(3) 〜を聞く　　　　listen 〔　　　〕 〜
(4) 〜に着く　　　　get 〔　　　〕 〜
(5) 〜に興味がある　be interested 〔　　　〕 〜

時を表す at, on, in
at ：時刻
on ：曜日, 日付
in ：月, 季節, 年, 午前〔後〕

確認 時を表す前置詞
before　（〜の前に）
after　（〜のあとに）
for　（〜の間）
by　（〜までに）
until　（〜までずっと）

場所を表す at, on, in
at ：〜（狭い場所）に
on ：（接触して）〜の上に
in ：〜（広い場所）に, 〜の中に

確認 場所を表す前置詞
by　（〜のそばに）
near　（〜の近くに）
under　（〜の下に）
into　（〜の中へ）
between　（〈2つのもの〉の間に）

確認 方向を表す前置詞
from　（〜から）
to　（〜へ）
for　（〜に向かって）

そのほかの前置詞
about　（〜について）
for　（〜のために）
with　（〜といっしょに）
by　（〜によって, 〜で）
of　（〜の）
without　（〜なしで）

前置詞を含む連語
at night　（夜に）
in time　（間に合って）
of course　（もちろん）
look at 〜　（〜を見る）
look for 〜　（〜をさがす）
get on 〜　（〜に乗る）
get to 〜　（〜に着く）
listen to 〜　（〜を聞く）
wait for 〜　（〜を待つ）
be interested in 〜
　　（〜に興味がある）

第8日 接続詞・前置詞 実力完成テスト

*解答と解説 … 別冊 p.9
*時　間 ……… 20分
*配　点 ……… 100点満点
得点　　　点

1 正しい英文になるように，＿＿＿に適するものを（　　　）内から選んで入れなさい。〈2点×5〉

(1) He said ＿＿＿＿＿ his father was out. (and / but / so / that)
(2) Thursday comes ＿＿＿＿＿ Wednesday. (on / in / before / after)
(3) You must finish the work ＿＿＿＿＿ tomorrow. (by / till / from / to)
(4) Koji met her ＿＿＿＿＿ Tokyo Station. (after / at / on / to)
(5) I won't play tennis if it ＿＿＿＿＿ rainy tomorrow. (be / will be / is / has)

2 次の英文の＿＿＿に適する語を入れなさい。〈3点×5〉

(1) May I open the window? —— Yes, ＿＿＿＿＿ course.
(2) Why was Tom late this morning? —— ＿＿＿＿＿ he got up late.
(3) When shall we meet?
　　—— Let's meet ＿＿＿＿＿ one ＿＿＿＿＿ the afternoon.
(4) We say "*Itadakimasu*" ＿＿＿＿＿ we eat.
(5) In Japan school usually starts ＿＿＿＿＿ April.

3 日本文に合うように，＿＿＿に適する語を入れなさい。〈3点×7〉

(1) 机の下にねこがいます。
　　There is a cat ＿＿＿＿＿ the desk.
(2) 放課後，何をするつもりですか。
　　What are you going to do ＿＿＿＿＿ school?
(3) 一生けんめい勉強しなさい，そうしないと試験に合格しませんよ。
　　Study hard, ＿＿＿＿＿ you won't pass the examination.
(4) 窓のそばの少年を見てごらん。
　　Look ＿＿＿＿＿ the boy ＿＿＿＿＿ the window.
(5) 久美はメアリーと音楽を聞いていました。
　　Kumi was listening ＿＿＿＿＿ music ＿＿＿＿＿ Mary.
(6) 私たちは10時半まで彼女を待ちました。
　　We waited ＿＿＿＿＿ her ＿＿＿＿＿ ten thirty.
(7) あなたは疲れているなら寝たほうがいいです。
　　You should go ＿＿＿＿＿ bed ＿＿＿＿＿ you are tired.

4 各組の英文がほぼ同じ内容になるように，＿＿に適する語を入れなさい。〈4点×5〉

(1) I went swimming yesterday because it was hot.
　　It was hot yesterday ＿＿＿＿＿ I went swimming.

(2) Hurry up, and you'll be in time for school.
　　＿＿＿＿＿ you hurry up, you'll be in time for school.

(3) Ken watched TV before he did his homework.
　　Ken did his homework ＿＿＿＿＿ he watched TV.

(4) We can't live if we don't have water.
　　We can't live ＿＿＿＿＿ water.

(5) Japanese history is interesting to me.
　　I'm interested ＿＿＿＿＿ Japanese history.

5 日本文に合うように，次の語(句)を並べかえなさい。〈4点×4〉

(1) ルーシーはトムと私の間に立っています。
　　Lucy (Tom / me / standing / and / between / is).
　　Lucy ＿＿＿＿＿＿＿＿＿＿＿＿＿＿＿＿＿．

(2) 彼らは何について話していますか。
　　(about / what / they / talking / are)?
　　＿＿＿＿＿＿＿＿＿＿＿＿＿＿＿＿＿？

(3) あなたがその色を気に入ってくれるといいのですが。
　　I (the color / hope / like / will / you).
　　I ＿＿＿＿＿＿＿＿＿＿＿＿＿＿＿＿＿．

(4) ここからあなたの家までどれくらいの距離がありますか。
　　How (from / far / is / to / here / it) your house?
　　How ＿＿＿＿＿＿＿＿＿＿＿＿＿ your house?

6 次の日本文を英語に直しなさい。〈6点×3〉

(1) 私は毎日自転車で学校へ行きます。

(2) あなたは何をさがしていますか。

(3) 私が起きたとき，雪が降っていました。

第9日 比較の文

原級・比較級・最上級の比較の文を学習します。比較級・最上級の -er, -est のつけ方や文の形をしっかりと確認しておきましょう。

基礎の確認

解答 ▶ 別冊 p.10

❶ 比較級・最上級の形

▶形容詞・副詞には，-er, -est や more, most をつけて**規則的**に変化する語と，**不規則**に変化する語があります。次の語の比較級・最上級を書きなさい。

原級	比較級	最上級
(1) tall	〔　　　　〕	〔　　　　〕
(2) large	〔　　　　〕	〔　　　　〕
(3) easy	〔　　　　〕	〔　　　　〕
(4) big	〔　　　　〕	〔　　　　〕
(5) beautiful	〔　　　　〕	〔　　　　〕
(6) good	〔　　　　〕	〔　　　　〕
(7) many	〔　　　　〕	〔　　　　〕

❷ as ～ as … の文

▶〈as＋原級＋as …〉の形で，「…と同じくらい～」という意味を表します。(　)内の日本語を参考にして，〔　〕に適する語を入れなさい。

(1) Ken is as 〔　　　　〕 as Tom.（同じくらい背が高い）

(2) I'm 〔　　　　〕 as 〔　　　　〕 as Jim.
（ジムほど忙しくない）

❸ 比較級の文

▶〈比較級＋than …〉の形で，「…より～だ」の意味を表します。(　)内の日本語を参考にして，〔　〕に適する語を入れなさい。

(1) I'm 〔　　　　〕〔　　　　〕 Tom.（トムより年上）

(2) Tom gets up 〔　　　　〕〔　　　　〕 Ken.
（ケンより早起き）

復習ガイド

■ er, est のつけ方

原級の語尾	つけ方
ふつう	-er, -est
e で終わる	-r, -st
〈子音字＋y〉	-y→-ier, -iest
〈短母音＋子音字〉	子音字を重ねて -er, -est

確認 more ～, most ～
　つづりの長い語の比較級・最上級は，原級の前に more, most を置く。

ミス注意 不規則変化
good / well — better — best
many / much — more — most

■ as ～ as … の文

原級を使って，〈as＋原級＋as …〉の形で，2つのものを比べて，「…と同じくらい～」という意味を表す。

確認 not as ～ as …
as ～ as … の否定形の〈not as＋原級＋as …〉は，「…ほど～でない」の意味になる。

■ 比較級の文

比較級を使って，〈比較級＋than …〉の形で，2つのものを比べて，「…より～」の意味を表す。

● 比較の文

❹ 最上級の文

▶ 〈the＋最上級＋in〔of〕…〉の形で，「…の中でいちばん～」という意味を表します。in か of かは**あとの語句**で使い分けます。
〔　〕に適するものを右の（　）から選んで入れなさい。

(1) I'm the 〔　　　　〕 of the three. (taller / tallest)
(2) This is the 〔　　　　〕 difficult of all. (more / most)
(3) He runs the fastest 〔　　　　〕 my class. (in / of)

❺ like ～ better〔the best〕の文

▶「～のほうが好き」「～がいちばん好き」は **better** や **best** を使って表します。（　）内の日本語を参考にして，〔　〕に適する語を入れなさい。

(1) I 〔　　　〕 summer 〔　　　〕 than winter.
　　　　　　　　　　　　　　　　（冬より夏が好き）
(2) I 〔　　　〕 summer the 〔　　　〕 of the four seasons. （四季の中で夏がいちばん好き）

❻ 比較の疑問文

▶ 疑問文の作り方はふつうの文と同じですが，**Which**（どちらが）などの疑問詞で始まるものに注意しましょう。（　）内の日本語を参考にして，〔　〕に適する語を入れなさい。

(1) 〔　　　〕 New Zealand 〔　　　〕 than Japan?
　　（ニュージーランドは日本より大きいですか。）
(2) 〔　　　〕 do you like better, dogs 〔　　　〕 cats? ― I like cats 〔　　　〕.
　　（犬とねこではどちらが好き？―ねこのほうが好きです。）

❼ 注意すべき比較の文

▶ **比較級を強めるときは much を使います。**また，〈one of the＋最上級＋複数名詞〉の形で「最も～な…のひとつ」の意味を表します。次の〔　〕に適するものを右の（　）から選んで入れなさい。

(1) Tom is 〔　　　〕 taller than Ken. (very / much)
　　↑「トムはケンよりずっと背が高い」の文に
(2) Tokyo is one of the 〔　　　〕 in the world.
　　↑「東京は世界で最も大きな都市のひとつです」の文に
　　　　　　　　　　　（bigger city / biggest cities）

---

❹ 最上級の文
最上級を使って，〈the＋最上級＋in〔of〕…〉の形で，「…の中でいちばん～」という意味を表す。

ミス注意 in と of の使い分け
in＋場所・範囲
　in Japan, in my class
of＋複数を表す語句
　of the three, of all

❺ like ～ better など
A と B を比べて，「B より A が好きだ」というときは，〈like A better than B〉
3つ以上のものを比べて，「…の中で A がいちばん好きだ」は，〈like A the best in〔of〕…〉
　↳ the をつけないこともある
で表す。

❻ 疑問詞で始まる比較の文
・「A と B ではどちらがより～か」
→〈Which is＋比較級, A or B?〉
・「…の中でどれがいちばん～か」
→〈Which is the＋最上級＋in〔of〕…?〉
・「A と B ではどちらがより好きか」→〈Which do〔does〕＋主語＋like better, A or B?〉

くわしく 答えの文
Which do you like better, A or B? の文に「A のほうが好き」と答えるときは，
I like A **better** (than B).

❼ 注意すべき比較の文
・〈**much**＋比較級〉→比較級を強めて「ずっと～」。
・〈比較級＋than any other＋単数名詞〉→「ほかのどの…より～」。
・〈one of the＋最上級＋複数名詞〉→「最も～な…のひとつ」。

35

第9日 比較の文 実力完成テスト

1 正しい英文になるように，___に適するものを（　）内から選んで入れなさい。〈2点×5〉

(1) I'm as _____ as Tom.　(tall / taller / tallest)

(2) Which is _____, April or May?　(long / longer / the longest)

(3) Canada is _____ larger than Japan.　(very / much / more)

(4) She runs the fastest _____ the five.　(in / of / on)

(5) Taro likes math the _____ of all.　(more / better / best)

2 次の英文の___に（　）内の語を適する形にかえて入れなさい。〈3点×6〉

(1) Your dog is _____ than mine.　(big)

(2) I feel _____ than yesterday.　(well)

(3) Ichiro is the _____ of these boys.　(happy)

(4) What is the _____ river in the world?　(long)

(5) This book is the _____ _____ of all.　(interesting)

(6) You have _____ books than Tom.　(many)

3 日本文に合うように，___に適する語を入れなさい。〈4点×7〉

(1) 電子メールは航空便より速い。
E-mail is _____ _____ air mail.

(2) 田中先生は私の父と同じ年です。
Mr. Tanaka is _____ old _____ my father.

(3) 私はけさ家族の中でいちばん早く起きました。
I got up the _____ _____ my family this morning.

(4) 3人の中でいちばん上手な選手はだれですか。
Who is the _____ player _____ the three?

(5) いちばん近い駅へ行く道を教えてくれますか。
Will you tell me the way to _____ _____ station?

(6) コーヒーと紅茶ではどちらのほうが好きですか。—紅茶のほうが好きです。
Which do you like _____, coffee _____ tea?
—I like tea _____.

(7) この問題はあの問題よりむずかしい。
This question is _____ difficult _____ that one.

4 各組の英文がほぼ同じ内容になるように、＿＿に適する語を入れなさい。 〈4点×4〉

(1) { Your bike is newer than mine.
　　 My bike is ＿＿＿＿＿＿ than yours.

(2) { This flower isn't as beautiful as that one.
　　 That flower is ＿＿＿＿＿＿ ＿＿＿＿＿＿ than this one.

(3) { Hiroshi is nicer than any other boy in his class.
　　 Hiroshi is ＿＿＿＿＿＿ ＿＿＿＿＿＿ boy in his class.

(4) { Aya is older than Yuki. Yuki is older than Emi. Junko is as old as Yuki.
　　 Emi is ＿＿＿＿＿＿ ＿＿＿＿＿＿ of the four.

5 日本文に合うように、次の語を並べかえなさい。 〈4点×4〉

(1) 私のかばんはこれほど大きくはありません。
My bag is (big / as / one / not / as / this).
My bag is ＿＿＿＿＿＿＿＿＿＿＿＿＿＿＿＿＿＿＿＿＿.

(2) その少年はほかのだれより幸せそうに見えます。
The (anyone / boy / than / looks / happier) else.
The ＿＿＿＿＿＿＿＿＿＿＿＿＿＿＿＿＿＿＿＿＿ else.

(3) これは日本で最も人気のあるスポーツのひとつです。
This is (of / sports / popular / one / most / the) in Japan.
This is ＿＿＿＿＿＿＿＿＿＿＿＿＿＿＿＿＿＿＿＿＿ in Japan.

(4) だれもジムより速く泳ぐことができません。
No (can / than / swim / one / faster) Jim.
No ＿＿＿＿＿＿＿＿＿＿＿＿＿＿＿＿＿＿＿＿＿ Jim.

6 次の日本文を英語に直しなさい。 〈4点×3〉

(1) 私はエリと同じくらい上手に英語を話します。

(2) この鉛筆はあの鉛筆より長いですか。

(3) あなたはどの季節がいちばん好きですか。

第10日 会話表現

あいさつ，お礼，あいづちの言い方や，電話，買い物などでの会話表現を学習します。場面ごとの表現，応答をしっかり確認しておきましょう。

基礎の確認　　解答▶別冊 p.11

❶ あいさつ・お礼・おわびの表現

▶あいさつなどの会話表現は，その**応答**をセットにして覚えましょう。次の文の応答として適するものを下の（　　）から選んで入れなさい。

(1) I'm sorry, I'm late.　　　—〔　　　　　　　　　〕
(2) Thank you very much.　—〔　　　　　　　　　〕
(3) Nice to meet you.　　　—〔　　　　　　　　　〕
(4) How are you?　　　　　—〔　　　　　　　　　〕

（　I'm fine, thank you.　　You're welcome.
　　That's all right.　　　Nice to meet you, too.　）

❷ あいづちなどの表現

▶相手の言葉に対する**あいづち**などの応答のしかたは1つだけではありません。次の〔　〕に適するものを右の（　　）から選んで入れなさい。

(1) A : My mother is sick in bed today.
　　B : That's too〔　　　　　　〕．（late / bad）
(2) A : How about going to the movies?
　　B : That's a good〔　　　　　　〕．（idea / day）
(3) A : This book is interesting and very useful.
　　B : That's〔　　　　　　〕．（see / right）
(4) A : Why don't we have lunch?
　　B : That〔　　　　　　〕good．（looks / sounds）
(5) A : I think you will have a good time.
　　B : I think〔　　　　　　〕, too．（that / so）
(6) A : We can ski in winter.
　　B : Oh,〔　　　　　　〕you? That's nice．（can / did）

復習ガイド

■ あいさつの表現
・初対面の人に「はじめまして」は→**Nice to meet you.**
・知人に会ったときのあいさつは→**How are you?**（元気？）

■ お礼・おわびの表現
・「（〜を）ありがとう」は→**Thank you (for 〜).**
・Thank you. に対しては，**You're welcome. / Not at all.**（どういたしまして。）
・「すみません」と謝るときは→**I'm sorry.**
・I'm sorry. には **That's OK.**（大丈夫です。）や **Don't worry about it.**（気にしないで。）などと返答する。
・人に話しかけるときなどは，**Excuse me.** と言う。

■ あいづちなどの表現
That's right.（そのとおりです。）
Is that so?（そうですか。）
That's a good idea.
　　　　（それはいい考えです。）
That's too bad.
　　　　（それはいけませんね。）
Sounds good.（よさそうですね。）

［くわしく］疑問形のあいづち
相手が言った文を疑問形にして，「そうですか」とあいづちを打つことができる。
I'm busy today.— **Are** you?
She is from China.— **Is** she?
He likes soccer.— **Does** he?
I bought a new CD.— **Did** you?

❸ すすめる・誘う表現

▶Shall I〔we〕~? は相手の意向をたずねる表現，would like は want のていねいな言い方です。（　）内の日本語を参考にして，〔　〕に適する語を入れなさい。

(1) 〔　　　　〕 we sing this song?（歌いましょうか）
　— Yes, 〔　　　　〕.　　（ええ，歌いましょう）

(2) 〔　　　　〕 I open the window?（開けましょうか）
　— Yes, 〔　　　　〕.　　（はい，お願いします）

(3) 〔　　　　〕 you like some coffee?（いかが？）
　— No, thank you.　　　（いいえ，けっこうです）

❹ 電話での表現

▶電話をかけるときの決まり文句を覚えましょう。次の〔　〕に適するものを下の（　）から選んで入れなさい。

A : Hello. This is Tom Brown. 〔　　　　　　　〕
B : Yes. 〔　　　　　　　　〕

（ Wait a minute, please.　　May I speak to Kumi?
　I'll call back later.　　You have the wrong number. ）

❺ 買い物での表現

▶買い物でよく使う表現を覚えましょう。（　）内の日本語を参考にして，〔　〕に適する語を入れなさい。

(1) May I 〔　　　　〕 you?（いらっしゃいませ）
(2) How 〔　　　　〕 this one?（これはどうですか）
(3) 〔　　　　〕 you are.（物を渡して「はい，どうぞ」）

❻ 体調・感想をたずねる表現

▶体調・感想などをたずねるときの表現を覚えましょう。次の〔　〕に適するものを右の（　）から選んで入れなさい。

(1) What's 〔　　　　〕?（that / wrong）
　— I have a headache.

(2) 〔　　　　〕 do you feel today?（How / Which）
　— I feel better.

(3) 〔　　　　〕 do you like Kyoto?（How / What）
　— I like it very much.

---

❸ Shall I〔we〕~?

(1) Shall I ~?
→「（私が）~しましょうか」
Yes, please〔thank you〕. や No, thank you. で答える。

(2) Shall we ~?
→「（いっしょに）~しましょうか」
Yes, let's. や No, let's not. で答える。

確認 Shall we ~?とLet's ~.
Shall we play tennis?
＝Let's play tennis.
（テニスをしましょう。）

❸ すすめる表現
「~はいかがですか」と相手にものをすすめるときは，Would you like ~? と言う。
Would you like to ~? は，「~したいですか」と相手の意向をたずねるときに使う。

❹ 電話でよく使う表現
This is ~.（〈こちらは〉~です。）
May〔Can〕I speak to ~?
（~さんをお願いします。）
Can I take a message?
（何か伝言はありますか。）
You have the wrong number.
（番号ちがいですよ。）

❺ 買い物でよく使う表現
May I help you?
（いらっしゃいませ。）
May I try ~ on?
（~を試着してもいいですか。）
How much is〔are〕~?
（~はいくらですか。）
I'll take ~.（~を買います。）

❻ 体調・感想をたずねる表現
What's wrong〔the matter〕?
（どうしましたか。）
How do you feel?（気分はどう？）
How do you like ~?
（〈感想をたずねて〉~はいかがですか〔気に入りましたか〕。）
How is〔was〕~?
（~はどうです〔でした〕か。）

第10日 会話表現 実力完成テスト

*解答と解説 … 別冊 p.11
*時 間 ……… 20分
*配 点 ……… 100点満点

得点　　　点

1 正しい英文になるように，＿＿に適する語を（　）内から選んで入れなさい。〈4点×5〉

(1) A : I like soccer.
　　B : Oh, ＿＿＿＿＿＿ you?　　(are / do / did)

(2) A : Show me your passport, please.
　　B : Sure. ＿＿＿＿＿＿ you are.　　(Yes / Thank / Here)

(3) A : Hi, Goro. Where are you going?
　　B : I'm going to a CD shop. How ＿＿＿＿＿＿ you?　　(are / do / about)
　　A : I'm going to the station.

(4) A : Thank you for the nice present.
　　B : Not at ＿＿＿＿＿＿. I hope you like it.　　(all / well / time)

(5) A : Dinner is ready. Please ＿＿＿＿＿＿ yourself.　　(make / help / cook)
　　B : Thank you. It looks delicious.

2 次の対話文の＿＿に適する文を下の（　）内から選んで入れなさい。〈5点×5〉

(1) A : Have a nice day, Mary.
　　B : Thanks, Ken. ＿＿＿＿＿＿＿＿＿＿＿＿＿＿＿
　　　(Me, too. / Let me see. / Same to you.)

(2) A : We're going to the zoo tomorrow. Can you come with us?
　　B : ＿＿＿＿＿＿＿＿＿＿＿＿＿＿＿ I hope the weather will be good.
　　　(Sounds great. / That's too bad. / That's right.)

(3) A : Would you like something to eat?
　　B : ＿＿＿＿＿＿＿＿＿＿＿＿＿＿＿ I'm not so hungry.
　　　(Yes, please. / No, thank you. / That sounds good.)

(4) A : I can't finish my homework. It's too difficult for me.
　　B : ＿＿＿＿＿＿＿＿＿＿＿＿＿＿＿ I'll help you.
　　　(Don't worry. / I'm all right. / I'm sorry, but I can't.)

(5) A : Let's play tennis after school.
　　B : ＿＿＿＿＿＿＿＿＿＿＿＿＿＿＿
　　A : How about tomorrow?
　　B : Tomorrow's fine.
　　　(I'm sorry I can't play today. / Today is good. / Yes, of course.)

3 各組の英文がほぼ同じ内容になるように，＿＿に適する語を入れなさい。 〈5点×4〉

(1) { Let's clean the river.
　　＿＿＿＿＿＿ ＿＿＿＿＿＿ clean the river?

(2) { How about having lunch with me tomorrow?
　　＿＿＿＿＿＿ don't you have lunch with me tomorrow?

(3) { Will you leave a message?
　　Can I ＿＿＿＿＿＿ a message?

(4) { Do you want another glass of juice?
　　＿＿＿＿＿＿ you ＿＿＿＿＿＿ another glass of juice?

4 次の会話が成り立つように，＿＿に適する語を入れなさい。 〈4点×5〉

(1) A : Happy Birthday. This is for you.
　　B : Oh, ＿＿＿＿＿＿ you.

(2) A : You look sad. What's ＿＿＿＿＿＿?
　　B : My best friend is going to go back to New York next week.

(3) A : ＿＿＿＿＿＿ me, does this bus go to Tokyo Station?
　　B : Yes, it does.

(4) A : Thank you very much for helping me.
　　B : You're ＿＿＿＿＿＿.

(5) A : ＿＿＿＿＿＿ do you feel today?
　　B : I feel much better than yesterday.

5 次の日本文を英語に直しなさい。 〈5点×3〉

(1) (印象をたずねて)日本はいかがですか。

(2) 遅れてごめんなさい。

(3) この日曜日，私たちは何をしましょうか。

中1・2全範囲
総復習テスト 第1回

*解答と解説 … 別冊 p.12
*時　間 ……… 30分
*配　点 ……… 100点満点

得点　　　点

1 次の(　)から適するものを1つ選び，記号を○でかこみなさい。　　(2点×5)

(1) Mike and Ken (ア is　イ was　ウ are　エ were) studying in the library now.
〈栃木県〉

(2) It's cold (ア by　イ in　ウ without　エ on) a coat. You should wear your coat.
〈秋田県〉

(3) I think soccer is (ア a　イ than　ウ many　エ the most) exciting of all sports.
〈神奈川県〉

(4) A : Would you like to go to the museum with me tomorrow?
B : I'd love to, but I'll be busy tomorrow.
A : Well, (ア do　イ are　ウ will　エ can) you free on Sunday?
〈岩手県〉

(5) 〔In a shop〕
A : May I help you?
B : Yes, please. I like this T-shirt, but it's too (ア popular　イ expensive　ウ interesting　エ beautiful). Do you have a cheaper one?
〈福島県〉

2 次の会話が成り立つように，＿＿に適する語を入れなさい。ただし，(1)〜(3)は与えられた文字で始まる語を書くこと。　　(3点×4)

(1) A : What's wrong?
B : I can't find my pen. Can I borrow y＿＿＿＿＿＿?
A : OK. Please use this.
〈岩手県〉

(2) A : How's the w＿＿＿＿＿＿?
B : It's sunny. It's a good day for a picnic.
〈島根県〉

(3) A : I'm going to a baseball game. W＿＿＿＿＿＿ don't you come with me?
B : OK. That sounds great.
〈愛媛県〉

(4) Man : Who broke the new computer?
Girl : It was not me. Bill ＿＿＿＿＿＿.
〈山形県〉

3 次の( )内の語を適切な形に書きかえなさい。　　　　（4点×2）〈千葉県〉

(1) A : How did you come to Fukuoka?
　　B : I (fly) here from Narita yesterday.　　　　＿＿＿＿＿＿

(2) A : The last question in the test was the most difficult for me.
　　B : Really? I thought it was (easy) than most of the questions.

　　　　　　　　　　　　　　　　　　　　　　　　　　＿＿＿＿＿＿

4 次の英文の表題として適切なものを，ア～エから1つ選び，その記号を○でかこみなさい。
　　　　　　　　　　　　　　　　　　　　　　　　　　（8点）〈高知県〉

　When you go to the supermarkets and buy something, you can get *plastic shopping bags if you want. Some of you may think that using many plastic shopping bags is bad for the *environment. Some of you may think that they are useful because you don't need to carry your own bags.

　（注）plastic ビニール（製）の　　environment 環境
　ア　スーパーマーケットのレジ袋について
　イ　スーパーマーケットの広告について
　ウ　スーパーマーケットの商品について
　エ　スーパーマーケットのリサイクル活動について

5 次の対話文の(1), (2)に入る適切な英文を，それぞれア～エから1つ選び，その記号を○でかこみなさい。　　　　　　　　　　　　　　　　　　（5点×2）〈兵庫県〉

A : I wanted to go to a book shop yesterday, but I couldn't.
B : (　(1)　)
A : Yes. I had to take care of my sister all day at home.
B : I see. Did you want to buy any books?
A : Yes. I wanted to buy Asano Atsuko's new book.
B : It is very popular. (　(2)　)
A : Really? Can I read it when you finish reading it?
B : Sure.

(1)　ア　Did you have something to do?　　イ　Did you want to read a book?
　　ウ　Did you go there to buy a book?　　エ　Did you want something to read?

(2)　ア　I want to read it, too.　　　　　　イ　I'm reading it now.
　　ウ　You can read it.　　　　　　　　　エ　You should go to the book shop today.

【次のページに続きます】

6

次の( )内の語(句)を並べかえて，意味の通る正しい対話文になるようにしなさい。(4点×4)

(1) A : Excuse me, (is / but / what / it / time) now?
    B : It's two o'clock.
    Excuse me, _____ now? 〈島根県〉

(2) A : Listen, Mary. Who's singing?
    B : My mother is. She likes to sing very much.
    A : She's a good singer. How about your father?
    B : He likes to sing, too, but he doesn't sing (well / my mother / as / as).
    ~, but he doesn't sing _____. 〈石川県〉

(3) Boy : Which notebook is yours?
    Girl : The (mine / desk / is / on / one / the).
    The _____. 〈山形県〉

(4) A : What (this food / you / call / do) in Japanese?
    B : It's *onigiri*. It's my favorite food.
    What _____ in Japanese? 〈愛媛県〉

7

次の日本文を英語に直しなさい。(6点×3)

(1) 先週の火曜日に父が私にこの本をくれました。 〈群馬県〉

(2) 昨夜雪がたくさん降りました。 〈大阪府〉

(3) それは日本で最も有名な本のひとつですね。 〈鳥取県〉

8

次のような場合，相手にどのように言えばよいか。英語で書きなさい。(6点×3)

(1) 彼がどこに住んでいるかたずねるとき。 〈秋田県〉

(2) 「明日，何か予定があるか」と相手に聞くとき。 〈富山県〉
_____ plans tomorrow?

(3) 自分は数学の先生になりたい，と伝えるとき。 〈島根県〉

総復習テスト 第2回

中1・2全範囲

*解答と解説 … 別冊 p.14
*時　間 ……… 30分
*配　点 ……… 100点満点

得点　　　点

1 次の文章は，3人の中学生の休日について書かれたものです。文中の(1)～(5)に入れるのに最も適切なものを，それぞれア～エから1つ選び，その記号を○でかこみなさい。

(4点×5)〈沖縄県〉

　　Maiko, Haruna, and Yukari are junior high school students. They are members of the tennis club. Last week they got on (1) and went shopping, and then they watched a movie. First they went to (2) to buy a new racket. They enjoyed shopping. (3) shopping, they watched the movie, "Harry Potter." They bought tickets and waited (4) the movie started. While they were waiting for the movie, they talked about their plans for next weekend. Yukari said, "I am going to (5) with my family next week. I am looking forward to seeing elephants and lions."

(1)　（ア　a desk　　　イ　a bus　　　ウ　a tree　　　エ　a TV　　　）
(2)　（ア　a flower shop　イ　a police station　ウ　a sports shop　エ　a swimming pool　）
(3)　（ア　Because　　イ　And　　　ウ　But　　　エ　After　　　）
(4)　（ア　or　　　　イ　if　　　　ウ　when　　　エ　until　　　）
(5)　（ア　a bank　　イ　a zoo　　　ウ　a school　　エ　a hospital　）

2 次の予定表に書かれたメモを参考にして，(1)については，適する文を下のア～エから1つ選び，その記号を○でかこみなさい。下線部(2)については英語1語を，下線部(3)については英語2語を書きなさい。

(5点×3)〈長野県〉

A : (1)(　　　　　　　) Tokyo?
B : On September twentieth.
A : Oh, next week. Will you meet your (2)_____?
B : Yes, we will meet him at Shinjuku Station at
　　(3)_____ _____.
A : Have a nice trip!

予定表
　　○母と東京へ
　　・7：30　飯田発
9/20　　　　（高速バス）
（日）・11：33　新宿着
　　・11：50　兄と新宿駅で
　　　　　　　待ち合わせ
　　・14：00　美術館見学

(1)　ア　When did you visit
　　イ　When are you going to visit
　　ウ　Why did you visit
　　エ　Why are you going to visit

【次のページに続きます】

3 次の文が正しい対話文になるように，適するものを1つ選び，記号を○でかこみなさい。

(5点×4)

(1) A : Does your sister like listening to music?
   B : (　　　　　) She often listens to CDs at home. 〈徳島県〉
   ア Yes, she does.　　イ No, she doesn't.
   ウ Yes, she is.　　　エ No, she is not.

(2) A : (　　　　　)
   B : Thank you. This desk is too heavy. 〈栃木県〉
   ア Will you help me?　　イ Shall I help you?
   ウ May I use this desk?　エ Did you help me?

(3) A : Let's play tennis next Sunday.
   B : That's a good idea! (　　　　　)
   A : At three o'clock in the afternoon. 〈福岡県〉
   ア How long will we play tennis?　　イ Where will we play tennis?
   ウ What time are we going to meet?　エ What are you going to play?

(4) 〈パーティーで〉
   Mike　：Hi, Tomoko. Thank you for coming.
   Tomoko：Hi, Mike. I made this cake. I hope you like it. Here you are.
   Mike　：Oh, wonderful! Thank you very much. (　　　　　)
   Tomoko：No, thank you.
   Mike　：How about some fruit?
   Tomoko：Yes, please.
   Mike　：Sure. Just a minute. 〈岐阜県〉
   ア Can I eat it?　　　　イ Where would you like to eat?
   ウ Can I sit down?　　　エ Would you like something to drink?

4 次の英文を読んで，あとの問いに対する答えを主語と動詞を含む英文1文で書きなさい。

(6点)〈秋田県〉

　Reading is fun. There are many kinds of books to read in the world. Many people enjoy reading in their free time and can get different ideas and useful information from books.

(問い) What can many people get from books?

5

次の対話文は，保健室を訪れた留学生のTomと，池田先生の会話です。これを読んで，あとの問いに答えなさい。　　　　　　　　　　　　　　　　　　　　(19点)〈香川県〉

Ms. Ikeda　：Hi, Tom. What's wrong?
Tom　　　：I don't feel fine today. I have a headache.
Ms. Ikeda　：Oh, that's too bad. (　　①　　)
Tom　　　：This morning. Can I rest here for a while?
Ms. Ikeda　：<u>Yes, of (　　　　　　　).</u>
　(*after a while*)
Ms. Ikeda　：(　　②　　)
Tom　　　：I feel much better.
Ms. Ikeda　：(　　③　　) Now, go back to class and *hang in there, Tom.
Tom　　　：OK. Thank you, Ms. Ikeda.

（注）hang in there　がんばれ

(1) 文中の①〜③に入る英文は次のア〜キのうちのどれか。最も適するものをそれぞれ1つずつ選び，その記号を書きなさい。　　　　　　　　　　　　　　　　　　(5点×3)

　ア　How do you feel now?　　　イ　I had a hard time.
　ウ　You did a good job.　　　　エ　That's good.
　オ　When did it start?　　　　　カ　May I help you?
　キ　What time is it now?

　　　　　　　　　　　　　　　　　①(　　)　②(　　)　③(　　)

(2) 下線部を，「はい，もちろん。」という意味になるように，適する語を1つ書きなさい。(4点)

6

次の指示にしたがって英文を作りなさい。　　　　　　　　　　　　　　　(10点×2)

(1) 中学校生活の思い出の1つについて，15語以上の英語で書きなさい。文の数はいくつでもかまいません。　　　　　　　　　　　　　　　　　　　　　　　　　　〈青森県〉

(2) あなたが今，会ってみたい人はだれですか。その理由を含めて3文以上の英語で書きなさい。　　　　　　　　　　　　　　　　　　　　　　　　　　　　　　　　〈栃木県〉

- ◆ 表紙デザイン：山口秀昭（STUDIO FLAVOR）
- ◆ 表紙イラスト：ミヤワキキヨミ
- ◆ 編集協力：小縣宏行
- ◆ 校正：甲野藤文宏，田中裕子，敦賀亜希子，渡辺聖子
- ◆ DTP：株式会社 明昌堂

この本は下記のように環境に配慮して製作しました。
・製版フィルムを使用しないＣＴＰ方式で印刷しました。
・環境に配慮した紙を使用しています。

10日間完成 中1・2の総復習 英語		この本に関する各種お問い合わせは，下記にお願いいたします。

2005年7月　　初版発行
2011年11月　　新版発行
2015年11月13日　第9刷

- ▶ 編　者　　学研教育出版
- ▶ 発行人　　土屋　徹
- ▶ 編集人　　黒田　隆暁
- ▶ 発行所　　株式会社　学研プラス
　　　　　　東京都品川区西五反田2-11-8
- ▶ 印刷所　　株式会社リーブルテック

＜電話の場合＞
・編集内容については
　☎03-6431-1551（編集部直通）
・在庫，不良品（乱丁・落丁）については
　☎03-6431-1199（販売部直通）
＜文書の場合＞
・〒141-8418 東京都品川区西五反田2-11-8
　学研お客様センター
　『10日間完成中1・2の総復習　英語』係
・この本以外の学研商品に関するお問い合わせは下記まで
　☎03-6431-1002（学研お客様センター）

© Gakken Education Publishing 2011 Printed in Japan ＊本書の無断転載・複製・複写(コピー)・翻訳を禁じます。

本書を代行業者等の第三者に依頼してスキャンやデジタル化することは，たとえ個人や家庭内の利用であっても，著作権法上，認められておりません。

別冊

本冊と軽くのりづけされていますので、
はずしてお使いください。

解答と解説

英語

10日間完成
中1・2の総復習

Gakken

第1日 現在の文

p.2 基礎の確認

❶ am, are, is の使い分け
(1) **are** (2) **is** (3) **are** (4) **are** (5) **am**

❷ 一般動詞の現在形
(1) **have** (2) **plays** (3) **like** (4) **gets**

❸ 3単現のsのつけ方
(1) **walks** (2) **comes** (3) **goes**
(4) **watches** (5) **stays** (6) **studies**
(7) **speaks** (8) **does** (9) **flies** (10) **has**

❹ 疑問文の形
(1) **Is this Ken's bike?**
(2) **Do you live in this town?**
(3) **Does John have a bike?**
(4) **Does your mother speak English?**

❺ 否定文の形
(1) **I'm(I am) not Mary's sister.**
(2) **We don't(do not) study English every day.**
(3) **My brother doesn't(does not) have a computer.**

❻ 命令文
(1) **Open the window.**
(2) **Be careful.**

❼ 否定の命令文
(1) **Don't run here.**
(2) **Don't be kind to that man.**

● 基礎の確認　これが重要!
　be動詞の否定文と一般動詞の否定文を混同しない。一般動詞の疑問文・否定文では、動詞は**原形**を使う。He [×]**isn't** play 〜.や Does he [×]**plays** 〜? などのミスが多いので注意しよう。

p.4 実力完成テスト

1 (1) **is** (2) **know** (3) **are** (4) **live**
　　(5) **doesn't**

解説 (1) My sister(私の姉[妹])は3人称単数の主語なので、be動詞は **is**。
(2)〜(4) We(私たち), These books(これらの本), My grandparents(私の祖父母)は複数を表す。
(5) He(彼)は3人称単数の主語なので、does not の短縮形 **doesn't** が適切。

2 (1) **is** (2) **aren't** (3) **has** (4) **Be** (5) **Do**

解説 (1)「〜がいる、ある」はbe動詞で表す。
(2) are not の短縮形は aren't。
(3)「彼女は弟を1人持っている」と考える。
(4) 命令文は動詞の原形で文を始めるが、be動詞の原形は be なので、**Be** 〜. となる。
(5) 主語は Kate and Tom で**複数**。

3 (1) **Are, am** (2) **are** (3) **Do, do**
(4) **Does, doesn't** (5) **does, gets**

解説 (1)(2) 主語の you, I に合わせて are, am を使い分ける。
(3) 主語が you の一般動詞の疑問文。Do you 〜? には do を使って答える。
(4)(5) 主語が3人称単数なので**3単現**の形にする。

4 (1) (Your) **pencil is under the chair** (.)
(2) **Don't swim in this river** (.)
(3) (Taro) **and I are good friends** (.)
(4) (My) **mother does not drive a** (car.)

解説 (1)〈be動詞＋場所を表す語句〉の形。
(2) 否定の命令文は、**Don't** で始める。
(3) 主語が複数なのでbe動詞は are。
(4)〈does not＋動詞の原形〉の形。

5 (1) **Is his father a music teacher?**
(2) **She studies English every day.**
(3) **My brother doesn't(does not) play the piano.**
(4) **Please clean this room.**

解説 (1) be動詞を**主語の前**に出す。
(2) study の3単現の形は **y を i にかえて es**。
(3) plays を**原形**にすることを忘れずに。
(4) 命令文 Clean 〜. の前に Please を置く。

6 (1) **Mary and I aren't(are not) busy now.**
(2) **I have(eat) breakfast at seven in the morning.**
(3) **Does she walk to the library?**
(4) **Please stand up. / Stand up, please.**

解説 (1) Mary and I が複数なので動詞は are。
(2)「朝食を食べる」は have(eat) breakfast。
(3)〈Does＋主語＋動詞の原形〜?〉の形。「歩いて〜へ行く」は walk to 〜。
(4) please は命令文の前でもあとでもよい。

第2日 疑問詞・代名詞・複数形

p.6 基礎の確認

❶ what, who など
(1) **Whose** (2) **Who** (3) **Which**
(4) **What**

❷ when, where, how
(1) **Where** (2) **How** (3) **When**

❸ 〈how＋形容詞〉
(1) **many** (2) **old** (3) **much** (4) **long**

❹ 人称代名詞の使い分け
(1) **our** (2) **me** (3) **them** (4) **her** (5) **it**

❺ 所有代名詞の使い分け
(1) **mine** (2) **his** (3) **hers**

❻ そのほかの代名詞
(1) **one** (2) **yourself** (3) **anything**
(4) **another**

❼ 名詞の複数形
(1) **books** (2) **boxes** (3) **boys**
(4) **countries** (5) **cities** (6) **classes**
(7) **children** (8) **men**

● 基礎の確認　これが重要！
疑問詞は答えの文とセットで確認すること。代名詞は〈所有格＋名詞〉の形や，前置詞のあとに続く目的格に注意。

p.8 実力完成テスト

1 (1) **we** (2) **yours** (3) **Where** (4) **old**
(5) **children**

解説 (1) you and Ken は we（私たちは）で答える。
(2)「あなたのものだと思う」という文。
(3) 出身地をたずねる疑問文。
(4) 年齢をたずねる疑問文。
(5) a lot of（たくさんの）のあとなので複数形に。

2 (1) **us** (2) **hers** (3) **Their**
(4) **countries** (5) **classes** (6) **families**
(7) **stories**

解説 (1)「私たちを」を表す目的格。
(2)「あなたのお母さんのもの」＝「彼女のもの」。
(3) あとに名詞が続くので所有格に。
(4)～(7) a lot of, many（多数の）のあとの数えられる名詞は複数形。

3 (1) **Whose** (2) **Which**
(3) **long, it** (4) **How, many**

解説 (1)「私のものです」の答えから「これはだれの鉛筆か」とたずねる。
(2)「こちらが彼のです」の答えから「これとあれとでは，どちらがタロウのかばんですか」。
(3)「約2時間です」の答えから，「どれくらい長く（時間が）かかるか」。時間を表す文の主語は it。
(4)「兄弟はひとりもいない」の答えから「何人の兄弟がいますか」と「数」をたずねる。

4 (1) **ours** (2) **nothing**

解説 (1)「これは私たちの家だ」＝「この家は私たちの（もの）だ」。
(2)「父はコンピュータについて何も知らない」。
not ～ anything＝nothing（何も～ない）。

5 (1) **What, it** (2) **Who, them**
(3) **How, long** (4) **those, them**
(5) **How, many, boys**

解説 (1)「何時か」は What time で文を始める。時刻を表す文の主語は it。
(2)「だれ」は who，前置詞のあとは目的格。
(3) 時間の長さは How long でたずねる。
(4)「あの人たち」は that の複数形 those を使う。
(5) 数をたずねる文なので How many ～?

6 (1) **We are good friends.**
(2) **We can see some mountains.**
(3) **These books are very difficult.**
(4) **When does Emi do her homework?**

解説 (1)「あなた（たち）と私」＝「私たち」。
(2) some のあとの名詞を複数形にする。
(3) This と is も These と are にかえる。
(4)「いつ～するか」の疑問文にする。

7 (1) **How old is your grandfather?**
(2) **How much is this watch?**
(3) **Is this her book or his (book)?**
(4) **How do you go to school every day?**

解説 (1) 年齢は How old ～? でたずねる。
(2)「～はいくらか」と値段をたずねる言い方は How much is〔are〕～?
(3)「これはAか（それとも）Bか」は，or を使って，Is this A or B? で表す。
(4) 手段・方法は How でたずねる。

第3日 過去の文

p.10 基礎の確認

❶ be動詞の過去形
(1) **was** (2) **was** (3) **were** (4) **were**

❷ 規則動詞の過去形
(1) **played** (2) **watched** (3) **liked**
(4) **used** (5) **studied** (6) **stopped**
(7) **stayed** (8) **cleaned**

❸ 不規則動詞の過去形
(1) **did** (2) **had** (3) **went** (4) **came**
(5) **took** (6) **spoke** (7) **saw** (8) **wrote**
(9) **ran** (10) **read** (11) **said** (12) **knew**

❹ 現在か過去かの見分け方
(1) **visited** (2) **loved, loves** (3) **helped**

❺ 疑問文の形
(1) **Was she in the kitchen then?**
(2) **Were you busy last Saturday?**
(3) **Did she study English yesterday?**
(4) **Did you get up early this morning?**
(5) **Did his parents live in New York twenty years ago?**

❻ 否定文の形
(1) **I wasn't(was not) home then.**
(2) **They weren't(were not) happy.**
(3) **She didn't(did not) visit her uncle last week.**
(4) **We didn't(did not) watch TV last night.**

● **基礎の確認 これが重要！**
不規則動詞の過去形はしっかり覚えること。また，疑問文，否定文では動詞を**原形**にすることを忘れるミスが多いので注意しよう。

p.12 実力完成テスト

1 (1) **was** (2) **visited** (3) **saw** (4) **became**

解説 それぞれ次の語句から過去の文と判断する。
(1) **at that time**（あのとき）。(2) **last Saturday**（この前の土曜日）。(3) **yesterday**（昨日）。
(4) **two weeks ago**（2週間前）。
(3) see（見る，会う）の過去形は **saw**。
(4) become（～になる）の過去形は **became**。

2 (1) **were, last** (2) **came**
(3) **wrote, ago** (4) **had** (5) **used**

解説 (1) 主語が複数の過去の文なので，**were**。
(2) come（来る）の過去形は **came**。
(3) write（書く）の過去形は **wrote**。
(4) 「楽しいときを過ごす」は **have a good time**。
(5) use（使う）の過去形は **used**。

3 (1) **Were, was** (2) **Was, wasn't**
(3) **Did, didn't** (4) **Did, did**
(5) **did, stayed** (6) **did, took**

解説 (1)(2) 主語に応じて was, were を使い分ける。
(3)(4) 一般動詞の過去の疑問文は **did** を使う。
(5)(6) 疑問詞のあとはふつうの過去の疑問文を続ける。答えの文でも動詞は過去形にする。

4 (1) **She wasn't a teacher last year.**
(2) **Did they run to the station?**
(3) **I didn't(did not) know her name.**
(4) **When did they play soccer?**

解説 (1) isn't の過去形は **wasn't(was not)**。
(2)(3) 動詞は原形にすることに注意。
(4) 「いつ～したか」は When did ～? とする。

5 (1) (Nancy) **was not at the library last** (Sunday.)
(2) (He) **did not give me the book** (.)
(3) (What) **time did you get up this** (morning?)
(4) **What did she do after** (school yesterday?)

解説 (1) 「～にいなかった」は〈**was(were) not**＋場所を表す語句〉で表す。
(2) 〈**did not**＋動詞の原形〉の語順。
(3) **What time** のあとは疑問文の形を続ける。
(4) 「何をしたか」は What did ～ do …?

6 (1) **Mr. Tani was in Nara last week.**
(2) **Where did you buy(get) this bag?**
(3) **When did Mark come to Japan?**
(4) **They didn't(did not) know this song.**

解説 (1) 「～にいた」は **was** で表す。
(2)(3) 「どこで〔いつ〕～したか」は〈**Where(When) did**＋主語＋動詞の原形～?〉の形。
(4) 「～しなかった」は didn't(did not) を使う。

第4日 進行形・未来の文

p.14 基礎の確認

❶ 進行形の文の形
(1) **watching** (2) **is** (3) **were** (4) **raining**

❷ ing のつけ方
(1) **going** (2) **reading** (3) **making**
(4) **coming** (5) **running** (6) **playing**
(7) **studying** (8) **swimming**

❸ 進行形の疑問文・否定文
(1) **Are you writing a letter?**
(2) **Was she walking with her mother?**
(3) **We weren't〔were not〕talking about you.**

❹ 未来の文
(1) **is** (2) **going** (3) **will** (4) **be** (5) **buy**
(6) **come** (7) **I'm**

❺ 未来の疑問文
(1) **Is Susan going to make a cake?**
(2) **Are you going to watch TV?**
(3) **Will she be seventeen next year?**
(4) **Are they going to come to the party?**

❻ 未来の否定文
(1) **Ken isn't〔is not〕going to be busy tomorrow.**
(2) **I won't〔will not〕buy that book.**
(3) **I'm not going to visit him.**

● 基礎の確認 これが重要!
will も be going to ～ もあとの動詞は原形にすることに注意。

p.16 実力完成テスト

1 (1) **listening** (2) **Are** (3) **will** (4) **be**
(5) **were** (6) **are**

|解説| (1) 現在進行形の文。listen to ～ で「～を聞く」。be going to ～なら，動詞の原形が続く。
(2)(6) 主語が you の be going to ～ の疑問文。
(3)(4) tomorrow（明日），next month（来月）から未来の文。〈will＋動詞の原形〉の形。
(5) 過去進行形の文。

2 (1) **was, running** (2) **going, stay**
(3) **not, going** (4) **Will, be** (5) **Is, using**
(6) **were, sitting**

|解説| (1) running のつづりに注意。
(2)(3) be going to ～の疑問文，否定文はふつうの be 動詞の文の場合と作り方は同じ。
(4) will の疑問文は will を主語の前に出す。
(5) 進行形の疑問文は be 動詞で文を始める。
(6) 過去進行形の文。sitting のつづりに注意。

3 (1) **What, doing〔reading〕** (2) **Is, going**
(3) **Will, won't** (4) **Were, was**

|解説| (1)「私は本を読んでいる」の答えから「何をしているのか」とたずねる。
(2) Yes, she is. の答えから be 動詞の疑問文を考える。ここは be going to ～ の疑問文。
(3) tomorrow（明日）と空所の数から will の文。
(4)「昨夜私が電話したとき眠っていましたか」にする。

4 (1) (He) **was watching TV when I visited** (him.)
(2) (My sister) **is going to be an English** (teacher in the future.)
(3) (Kyoko) **is going to get up at** (six tomorrow morning.)
(4) **Where are they going to play** (tennis?)
(5) **How are you going to spend** (your summer vacation?)

|解説| (1)〈～ when …〉で「…のとき～」。
(2)～(5)〈be going to＋動詞の原形〉の文。
(3)「起きる」は get up，「～時に」は at ～。

5 (1) **They were swimming in the river.**
(2) **He isn't〔is not〕doing his homework.**
(3) **Mary will〔is going to〕help her brother tomorrow.**
(4) **My father isn't〔is not〕going to work next Sunday.**

|解説| (1) swimming のつづりに注意。
(2)(4) 進行形，be going to ～ の否定文は，be 動詞のあとに not。
(3) 未来の文に。will か be going to を使う。

6 (1) **It will be sunny〔fine〕tomorrow.**
(2) **Who was talking with my mother?**
(3) **What are you going to do next Saturday?**

|解説| (1) 天候を表す文の主語は it。will のあとの動詞は原形。be 動詞は be にする。
(2) who は3人称単数扱い。動詞は was。
(3)「次の土曜日」は next Saturday。

第5日 助動詞

p.18 基礎の確認

❶ can, may, must の文
(1) must　(2) can　(3) may　(4) could

❷ 助動詞の疑問文と否定文
(1) Can she play the piano?
(2) He may not come to the party.

❸ have[has] to ～の文
has, to

❹ May[Can] I ～? の文
(1) May[Can]　(2) I, ask

❺ Can[Could] you ～? の文
(1) Can　(2) Could

❻ May I ～? / Can you ～? の答え方
(1) Sure. Go ahead.
(2) I'm sorry, I can't.

❼ should の文
He should study harder.

● 基礎の確認　これが重要！

助動詞は主語が何であっても形は変わらない。あとの動詞はいつも**原形**にすること。**May I ～? / Can you ～?** などの会話表現と、**have to ～** の意味と使い方は要チェック。

p.20 実力完成テスト

1 (1) play　(2) to go　(3) Can　(4) May
(5) have

解説 (1) 助動詞のあとの動詞は**原形**。
(2) have[has] to ～の文。「トムは今夜は早く寝なければなりません」。
(3) Can you ～? で「～してくれますか」。
(4) May I ～? で「～してもいいですか」。
(5) don't have to ～は「～する必要はない」。

2 (1) has, practice　(2) must[should]
(3) must, not　(4) Can[Could], you

解説 (1) must→**have[has] to ～** (～しなければならない)。
(2) 命令文→**must ～** (～しなければならない)。
(3) 否定の命令文→**must not ～** (～してはならない)(禁止を表す)。
(4) ていねいな命令文→**Can[Could] you ～?** (～してくれませんか)。

3 (1) can't[cannot], write　(2) should
(3) may[can], be　(4) had, to
(5) May[Can], I　(6) Could, you

解説 (1) 「～できない」は1語で cannot か can't。
(2) 「～したほうがいい」は should。
(3) 「～かもしれない」は may。
(4) 「～しなければならない」は2語では have[has] to。過去形は had to。
(5) 「～してもいいか」と許可を求める言い方は May[Can] I ～?
(6) ていねいに依頼するときは、Could you ～? と言う。

4 (1) Sure.　(2) Sure. Go ahead.

解説 (1) 「～してくれませんか」に対する答えだが、あとに「全力をつくします」が続くので、Sure. (いいですよ。)が適切。
(2) 「～してもいいか」の問い。Sure. Go ahead. (いいですよ。どうぞ。)が適切。

5 (1) (She) **was not able to read** (the book.)
(2) (What time) **does he have to get up** (?)
(3) **Could you carry this bag** (for me?)
(4) (We) **should be kind** (to each other.)

解説 (1) 「～できる」は be able to ～でも表せる。主語が she で過去の文なので、be動詞は was。
(2) have to ～の疑問文は一般動詞の疑問文と同じ。〈does＋主語＋have to ～〉の語順。
(3) Could you ～? で「～していただけますか」。
(4) should のあとの be動詞は原形の be。

6 (1) May[Can] I open the window(s)?
(2) I must[have to] study English hard.
(3) Could you tell[show] me the way to the station?
(4) You don't have to buy[get] the book.

解説 (1) 「～してもいいか」は May[Can] I ～?
(2) 「～しなければならない」は must か have to を使って表す。
(3) 「～へ行く道」は the way to ～。please を使って、Please tell me the way to ～. / Tell me the way to ～, please. としてもよい。
(4) 「～する必要がない」は don't have to ～。

第6日 〈to＋動詞の原形〉・動名詞

p.22 基礎の確認

1 不定詞の形
(1) **play** (2) **see** (3) **go**

2 名詞的用法
(1) **to** (2) **to, walk** (3) **to, rain**

3 副詞的用法
(1) **助けるために** (2) **聞いて**
(3) **勉強するためです**

4 形容詞的用法
(1) **things to do** (2) **something warm to drink**

5 動名詞の用法
(1) **watching** (2) **Playing**
(3) **studying** (4) **calling**

6 動名詞と不定詞
(1) **He loves listening to music.**
(2) **We started working together.**

7 動名詞を目的語にとる動詞など
(1) **running** (2) **to run** (3) **running**

● 基礎の確認　これが重要！
不定詞を目的語にとる動詞と，動名詞を目的語にとる動詞の区別ができることが大切。

p.24 実力完成テスト

1 (1) **see** (2) **to be** (3) **is** (4) **watching**
(5) **to visit** (6) **snowing** (7) **to stay**
(8) **learning** (9) **to play**

解説 (1)「おばに会うために」。〈to＋動詞の原形〉。
(2)(5) **want**は不定詞を目的語にとる。
(3) 動名詞が主語のときは3人称単数として扱う。「英語の本を読むことは私にはむずかしい」。
(4) **enjoy**は動名詞を目的語にとる。
(6)「～することをやめる」は stop ～ing。
(7) **hope** は不定詞を目的語にとる。
(8) 前置詞のあとの動詞は動名詞にする。「ジェーンは日本語を学ぶことに興味がある」。
(9)「テニスをするために」。目的を表す不定詞。

2 (1) **eating** (2) **saying** (3) **to play**
(4) **running** (5) **to do** (6) **walking**

解説 (1) **finish** は動名詞を目的語にとる。
(2) **without** ～ing で「～しないで」の意味。
(3) time to ～で「～する時間」の意味。
(4) stop ～ing で「～するのをやめる」。
(5)「～するために」という意味の不定詞に。
(6) 前置詞(after)のあとなので動名詞。

3 (1) **to, study** (2) **talking** (3) **singing**
(4) **to, do**

解説 (1) start ～ing ＝ start to ～。
(2) like to ～ ＝ like ～ing。
(3)「上手に歌う」＝「歌うことが得意だ」。
(4)「忙しい」＝「することがたくさんある」。

4 (1) **hot, to, drink** (2) **to, see〔meet〕**
(3) **about, walking** (4) **tried, to, answer**

解説 (1)「何か熱い飲みもの」は〈something＋形容詞＋不定詞〉。形容詞の位置に注意。
(2)「～してうれしい」は be glad to ～。
(3) How about のあとの動詞は動名詞にする。
(4)「～しようとする」は try to ～。

5 (1) (They) **will enjoy singing the songs** (.)
(2) (Are you) **interested in taking pictures** (?)
(3) (We) **must try to understand each** (other.)
(4) (Kyoto) **has a lot of places to see** (.)
(5) (Cathy) **has a lot of work to do** (today.)

解説 (1) **enjoy** ～ing で「～して楽しむ」。
(2) **be interested in** ～ing で「～することに興味がある」。
(3) **try to** ～で「～しようと努力する」。「お互いに理解するように努力しなければならない」。
(4) a lot of ～で「たくさんの～」。places to see は不定詞の形容詞的用法で「見る(ための)場所」。
(5) work to do で「するべき仕事」。(Cathy) has to do a lot of work (today.) でもよい。

6 (1) **They enjoyed swimming yesterday.**
(2) **I have nothing to do today. / I don't have anything to do today.**
(3) **Thank you for inviting me to the party.**
(4) **What do you want to be in the future?**

解説 (1)「～して楽しむ」は enjoy ～ing。
(2)「することが何もない」は nothing のあとに不定詞の to do を続ける。
(3)「～してくれてありがとう」は Thank you〔Thanks〕for ～ing. で表す。
(4)「～になりたい」は want to be〔become〕～。What would you like to be ～? でもよい。

第7日 いろいろな文型

p.26 基礎の確認

❶ There is〔are〕～.の文
(1) **is**　(2) **are**　(3) **was**

❷ There is〔are〕～.の疑問文・否定文
(1) **Is there any water in the cup?**
(2) **Are there a lot of people in this town?**
(3) **There wasn't〔was not〕a picture on the wall.**

❸ look, become などの文
(1) **became**　(2) **looks**　(3) **sounds**

❹ give, tell などの文
(1) **him**　(2) **show**　(3) **told**　(4) **made**

❺ give, tell などの文の語順
(1) **me a dictionary**　(2) **tell me the way to**
(3) **give him these books**

❻ SVOO → 〈SVO＋to〔for〕＋人〉
(1) **Tom gave a present to her.**
(2) **Beth sent some books to him.**

❼ call, name などの文
(1) **call**　(2) **named**　(3) **made**　(4) **keep**

●基礎の確認　これが重要！
SVC と SVOC の文は動詞をしっかり覚えること。SVOO は語順に注意しよう。

p.28 実力完成テスト

1　(1) **are**　(2) **was**　(3) **get**　(4) **told**

|解説| (1) 主語が複数形なので are。
(2) 主語が数えられない名詞なので was。
(3)「暗くなる」は get dark。SVC の文。
(4) me と the way の 2 つの目的語をとるのは tell（～に…を言う）。

2　(1) **looks**　(2) **looked, like**　(3) **ask, you**
(4) **find, interesting**　(5) **showed, them**

|解説| (1)「～に見える」は〈look＋形容詞〉。
(2)「～のように見える」は〈look like＋名詞〉。
(3)〈ask＋人＋物〉の語順で,「(人)に(物)をたずねる」の意味。
(4)「O が C とわかる」は〈find＋O＋C〉の形。
(5)「(人)に(物)を見せる」は〈show＋人＋物〉の形。

3　(1) **There, are**　(2) **teaches, us**
(3) **gave, him**　(4) **aren't**　(5) **made**　(6) **call**

|解説| (1) have〔has〕の文は There is〔are〕～. に書きかえられるものがある。「1 年は12か月です」。
(2)「オカ先生は私たちに英語を教える」という teach の SVOO の文に。
(3)〈gave＋物＋to＋人〉を〈gave＋人＋物〉に。
(4) no を not any に書きかえる。「このあたりに店はひとつもない」の文。
(5)「その知らせが彼女を幸せにした」という〈make＋O＋C〉の SVOC の文にする。
(6)「この花を英語で何と呼ぶか」。〈call＋O＋C〉の文の C が What になった疑問文。

4　(1) **Is, there**　(2) **Were, weren't**
(3) **There, are**

|解説| (1) Is there ～? には there を使って答える。
(2) 主語が複数で過去の文。
(3)「…に何があるか」には，There is〔are〕～. の形で「～がある」と答える。

5　(1) **How many days are there in** (November?)
(2) **I'll show you my house** (.)
(3) (My father) **bought a piano for me on** (my tenth birthday.)
(4) (What) **do your friends call you** (?)
(5) **This story made him famous** (.)

|解説| (1)〈How many ～ are there …?〉の形。
(2)〈show＋人＋物〉の語順。
(3)〈buy＋物＋for＋人〉の語順。
(4)〈call＋O＋C〉の C が What となった形。
(5)〈make＋O＋C〉の文。

6　(1) **Please call me Jun.**
(2) **His parents send him something to eat. / His parents send something to eat to him.**
(3) **Did he make her happy?**
(4) **There are three parks in my town. / My town has three parks.**

|解説| (1) Call me Jun, please. としてもよい。
(2)〈send＋人＋物〉または〈send＋物＋to＋人〉の語順。「何か食べる物」は something to eat。
(3)〈make＋O＋C〉で表す。
(4)「～がある」は There are ～. か have の文で表す。

第8日 接続詞・前置詞

p.30 基礎の確認

❶ and, but, or, so
(1) **and** (2) **so** (3) **but** (4) **or**

❷ when, if など
(1) **before** (2) **if** (3) **when** (4) **Because** (5) **after**

❸ 接続詞 that
(1) **I know (that) he can swim well.**
(2) **I know (that) you're from Tokyo.**

❹ 時を表す at, on, in
(1) **at, in** (2) **on** (3) **in** (4) **in**

❺ 場所・方向を表す前置詞
(1) **in** (2) **on** (3) **at** (4) **under**

❻ その他の前置詞
(1) **about** (2) **by** (3) **in** (4) **with**

❼ 前置詞を含む連語
(1) **of** (2) **for** (3) **to** (4) **to** (5) **in**

> ● 基礎の確認　これが重要！
> 接続詞の **that** はよく省略されるので、that が省略された文の形にも慣れておくこと。前置詞は時や場所を表す語の使い分けだけでなく、連語もしっかり覚えておくこと。

p.32 実力完成テスト

1 (1) **that** (2) **after** (3) **by** (4) **at** (5) **is**

解説 (1) 「〜ということ」を表す接続詞 **that**。
(2) 「木曜日は水曜日のあとに来る」。
(3) 「明日までに」は **by** tomorrow。
(4) 「東京駅で」は **at** Tokyo Station。
(5) 「条件」を表す **if** 〜や「時」を表す **when** 〜などの〜の中では、未来のことも現在形で表す。したがって、tomorrow があっても現在形の is。

2 (1) **of** (2) **Because** (3) **at, in** (4) **before〔when〕** (5) **in**

解説 (1) **of** course で「もちろん」。
(2) Why 〜?(なぜ〜か)には、**Because** 〜.(なぜなら〜だから)で答える。
(3) 「〜時に」は at〜、「午後」は in the afternoon。
(4) 「食べる前に『いただきます』と言う」。
(5) 「4月に」は in April。

3 (1) **under** (2) **after** (3) **or**
(4) **at, by〔near〕** (5) **to, with**
(6) **for, until〔till〕** (7) **to, if**

解説 (1) 「〜の下に」は under 〜。
(2) 「放課後」は after school。
(3) 「〜しなさい、そうしないと…」は **or** で表す。
(4) 「〜を見る」は **look at** 〜。「〜のそばの」は by 〜。
(5) 「〜を聞く」は **listen to** 〜。
(6) 「〜を待つ」は **wait for** 〜。「〜まで(ずっと)」は until〔till〕〜。
(7) 「寝る」は **go to bed**。「もし〜なら」は if。

4 (1) **so** (2) **If** (3) **after** (4) **without** (5) **in**

解説 (1) 「暑かった、だから〜」と考え、so。
(2) 「急ぎなさい、そうすれば〜」は「もし急げば〜」と考えて、if の文で表す。
(3) 「宿題をする前にテレビを見た」は「テレビを見たあとで宿題をした」と同意。
(4) without 〜 で「〜がなければ」。「私たちは水がなければ生きていけない」という文。
(5) **be interested in** 〜 で「〜に興味がある」。

5 (1) (Lucy) **is standing between Tom and me** (.)
(2) **What are they talking about** (?)
(3) (I) **hope you will like the color** (.)
(4) (How) **far is it from here to** (your house?)

解説 (1) 「AとBの間に」は **between A and B**。
(2) 「〜について話す」は talk about 〜。
(3) 「私は〜することを望む」は I hope (that)〜.
(4) 「どれくらいの距離か」は How far is it 〜?と it を主語に。「AからBまで」は **from A to B**。

6 (1) **I go to school by bike every day.**
(2) **What are you looking for?**
(3) **It was snowing when I got up. / When I got up, it was snowing.**

解説 (1) 「学校へ行く」は go to school。「自転車で」は by bike〔bicycle〕。every day(毎日)は文頭でもよい。
(2) 「〜をさがす」は **look for** 〜。
(3) 「雪が降る」は snow。「起きる」は **get up**。「〜したとき…」は … when 〜. か When 〜, ….で表す。天候の文では it を主語にする。

第9日 比較の文

p.34 基礎の確認

❶ 比較級・最上級の形
(1) **taller, tallest** (2) **larger, largest**
(3) **easier, easiest** (4) **bigger, biggest**
(5) **more beautiful, most beautiful**
(6) **better, best** (7) **more, most**

❷ as ~ as … の文
(1) **tall** (2) **not, busy**

❸ 比較級の文
(1) **older, than** (2) **earlier, than**

❹ 最上級の文
(1) **tallest** (2) **most** (3) **in**

❺ like ~ better〔the best〕の文
(1) **like, better** (2) **like, best**

❻ 比較の疑問文
(1) **Is, bigger〔larger〕**
(2) **Which, or, better**

❼ 注意すべき比較の文
(1) **much** (2) **biggest cities**

> 基礎の確認　これが重要！
> as ~ as …, 比較級, 最上級の基本文型と同意表現, like ~ better〔the best〕の文をマスターしよう。

p.36 実力完成テスト

[1] (1) **tall** (2) **longer** (3) **much** (4) **of**
(5) **best**

解説 (1) as と as の間は原級。
(2) 〈Which is＋比較級, A or B?〉で「A と B とではどちらがより~か」。
(3) 比較級を強調する語は **much**。
(4) the five は複数を表すので「~の中で」は of。
(5) like ~ the best で「~がいちばん好き」。

[2] (1) **bigger** (2) **better** (3) **happiest**
(4) **longest** (5) **most, interesting** (6) **more**

解説 (1) あとに than があるので比較級にする。big は g を重ねて er をつける。
(2) well の比較級は **better**。
(3) 前の the とあとの of から最上級にする。
(4) 「世界でいちばん長い川は何ですか」の文。

(5) interesting の最上級は前に **most** をつける。
(6) あとの than から many を比較級の **more** に。

[3] (1) **faster, than** (2) **as, as**
(3) **earliest, in** (4) **best, of**
(5) **the, nearest** (6) **better, or, better**
(7) **more, than**

解説 (1) 「~より速い」は faster than ~。
(2) 「~と同じくらいの年齢」と考え, as old as ~。
(3) 「いちばん早く」は early の最上級 earliest。
(4) 「いちばん上手な」は good の最上級 **best**。
(5) 「いちばん近い~」は the nearest ~。
(6) 「A と B ではどちらのほうが好きか」は Which do you like better, A or B? でたずねる。答えの文の **better** を落とさないこと。
(7) difficult の比較級は前に **more** をつける。

[4] (1) **older** (2) **more, beautiful**
(3) **the, nicest** (4) **the, youngest**

解説 (1) 「あなたの自転車は私のより新しい」は「私の自転車はあなたのより古い」。
(2) 「この花はあの花ほど美しくない」は「あの花はこの花より美しい」。
(3) 「クラスのほかのどの少年よりすてき」は「クラスでいちばんすてきな少年」。
(4) 「エミは4人の中でいちばん若い」の文に。

[5] (1) (My bag is) **not as big as this one** (.)
(2) (The) **boy looks happier than anyone** (else.)
(3) (This is) **one of the most popular sports** (in Japan.)
(4) (No) **one can swim faster than** (Jim.)

解説 (1) 「…ほど~でない」は not as ~ as …。
(2) 「~に見える」は〈look＋形容詞〉。「ほかのだれより~」は〈比較級＋than anyone else〉。
(3) 「~のひとつ」は one of ~。
(4) 「だれも~できない」は No one can ~ で文を始める。「ジムより速く」は faster than Jim。

[6] (1) **I speak English as well as Eri.**
(2) **Is this pencil longer than that one?**
(3) **Which season do you like (the) best?**

解説 (1) 「~と同じくらい上手に」は as well as ~。
(2) 「~より長い」は longer than ~。「あの鉛筆」は同じ名詞のくり返しをさけて **one** を使う。
(3) 「どの季節」は which season。

10

第10日 会話表現

p.38 基礎の確認

❶ あいさつ・お礼・おわびの表現
(1) **That's all right.**　(2) **You're welcome.**
(3) **Nice to meet you, too.**
(4) **I'm fine, thank you.**

❷ あいづちなどの表現
(1) **bad**　(2) **idea**　(3) **right**　(4) **sounds**
(5) **so**　(6) **can**

❸ すすめる・誘う表現
(1) **Shall, let's**　(2) **Shall, please**
(3) **Would**

❹ 電話での表現
May I speak to Kumi?
/ Wait a minute, please.

❺ 買い物での表現
(1) **help**　(2) **about**　(3) **Here**

❻ 体調・感想をたずねる表現
(1) **wrong**　(2) **How**　(3) **How**

● 基礎の確認　これが重要!
場面ごとの会話パターンや、決まった表現は応答を含めて覚えること。

p.40 実力完成テスト

1 (1) **do**　(2) **Here**　(3) **about**　(4) **all**
(5) **help**

[解説] (1) I like ~. の一般動詞の現在の文には **Do you?** とあいづちを打つ。
(2)「パスポートを見せてください」に対して、パスポートを差し出して「はい、どうぞ」は **Here you are.** か **Here it is.** と言う。
(3)「あなたはどうですか」は How about you?
(4) Thank you. に「どういたしまして」は **You're welcome.** のほか、**Not at all.** とも言う。
(5)「(~を)自由にとって食べる〔飲む〕」は help yourself (to ~)。

2 (1) **Same to you.**　(2) **Sounds great.**
(3) **No, thank you.**　(4) **Don't worry.**
(5) **I'm sorry I can't play today.**

[解説] (1)「よい1日を〔行ってらっしゃい〕」には **Same to you.**（あなたも）などと応じる。
(2) 相手の誘いに「天気が良いといい」と続くので、「いいですね」と答える **Sounds great.** を選ぶ。
(3)「何か食べものはいかが?」に対して「あまりおなかがすいていない」と続くので、**No, thank you.**（いいえ、けっこうです）と断る文を選ぶ。
(4)「宿題が終わらない。私にはむずかしすぎる」に「手伝ってあげる」と言っているので、**Don't worry.**（心配いりません）が適切。
(5) 次にAが「明日はどうですか」と言っているので、今日は都合が悪いという意味の文を選ぶ。

3 (1) **Shall, we**　(2) **Why**　(3) **take**
(4) **Would, like**

[解説] (1) Let's ~.（~しましょう）は **Shall we ~?**（〈いっしょに〉~しましょうか）と同意。
(2) How about ~ing?（~するのはどうですか）と **Why don't you ~?**（~してはどうですか）。どちらも相手に提案をする表現。
(3)「伝言を残しますか」と「伝言を受けましょうか」は、どちらも「伝言はありませんか」とたずねる文。「伝言を受ける」は take a message。
(4) **would like** は want のていねいな表現。

4 (1) **thank**　(2) **wrong〔up〕**　(3) **Excuse**
(4) **welcome**　(5) **How**

[解説] (1)「あなたにです」と誕生日のプレゼントをもらったので、Thank you.（ありがとう）と応じる。
(2)「どうしたの」と体調などをたずねる言い方は **What's wrong?** か What's the matter?
(3) 見知らぬ人に話しかけるときの「すみませんが」は **Excuse me.**
(4) Thank you. に「どういたしまして」は **You're welcome.** と言う。
(5)「今日の気分はいかがですか」は How do you feel today? とたずねる。

5 (1) **How do you like Japan?**
(2) **I'm sorry, I'm late. / I'm sorry to be late.**
(3) **What shall we do this Sunday?**

[解説] (1) 印象は **How do you like ~?**（~はいかがですか）などでたずねる。
(2)「~してすみません」は〈be sorry (that) +主語+動詞~〉か〈**be sorry to** +動詞の原形〉で表す。I'm sorry のあとのコンマ(,)はなくてもよい。
(3)「(私たちは)何をしましょうか」は What shall we do?

p.42 総復習テスト 第1回

1 (1) ウ (2) ウ (3) エ (4) イ (5) イ

解説 (1) あとの studying と最後の now（今）から、現在進行形の文にする。主語の Mike and Ken（マイクとケン）が複数で、複数の主語に合う現在の be動詞は are。「マイクとケンは今、図書館で勉強をしています」。
(2)「あなたはコートを着たほうがいい」という文が続くので、「コートなしでは寒いです」という意味になるように、「～なしで」という意味の without を選ぶ。
(3) あとの of all sports（すべてのスポーツの中で）から最上級の文と考える。exciting は前に more や the most をつけて比較級や最上級を作るので、the most を選ぶ。文の意味は、「私はサッカーがすべてのスポーツの中でいちばんわくわくすると思います」。
(4) A の「明日、私といっしょに博物館へ行きませんか」という誘いに対して、B が「行きたいけど、明日は忙しい」と応じているので、A が「では、日曜日はひまですか」とたずねる文にする。空所のあとの free（ひま）が形容詞で、動詞がないので、be動詞の疑問文と考える。do, will, can などの助動詞では、あとに動詞が必要である。最初の Would you like to ～? は「あなたは～したいですか」という意味で、「～しませんか」と相手を誘うときの表現。
(5) 最後に「もっと安いものはありますか」とたずねているので、「このTシャツは好きだけど、高すぎます」という意味になるように、expensive（高価な）を選ぶ。May I help you? は店員が客に対して言う「いらっしゃいませ（何かお手伝いしましょうか）」という決まり文句。

2 (1) yours (2) weather (3) Why (4) did

解説 (1) OK. Please use this.（いいですよ。これを使ってください。）という応答から、「あなたのペン」を表す yours（あなたのもの）を入れる。What's wrong? は「どうしましたか」とたずねるときの言い方。意味は、A「どうしましたか」。B「私のペンが見つかりません。あなたのを借りてもいいですか」。A「いいですよ。これを使いなさい」という対話。
(2) B の「晴れです。ピクニックに適した日です」の答えから、weather（天気）を入れて、天気をたずねる文にする。How's the weather? は天気をたずねるときの決まった言い方。
(3) 文の流れから、相手に提案する Why don't you ～?（～しませんか）の文にする。意味は、A「野球の試合に行くんだ。いっしょに行かない？」。B「いいわ。すてきそうだわ」。
(4) Man（男性）の「だれが新しいコンピュータを壊したんだ」という問いに対して、「私ではありません。ビルが壊しました」と答えている。Bill broke it (= the new computer). の broke it の代わりに did を使って、Bill did. と答える。

3 (1) flew (2) easier

解説 (1) 文末の yesterday（昨日）から過去の文とわかるので、fly（飛ぶ）を過去形にする。fly は fly – flew – flown と変化する。A「どうやって福岡に来たの？」。B「昨日成田から飛行機でここに来たんだ」。
(2) すぐあとの than から比較級の文とわかる。easy の比較級は y を i に変えて er をつける。A「テストの最後の問題が私にはいちばんむずかしかった」。B「ほんとう？ 私は、それはほとんどの問題よりも簡単だと思いました」という対話。

4 ア

解説 英文の意味は、「スーパーマーケットに行って何かを買うと、ほしければビニールの買い物袋がもらえます。みなさんの中には、たくさんのビニールの買い物袋は環境に悪いと思う人がいるかもしれません。また、それらは自分自身の袋を持っていく必要がないので役に立つと思う人もいるかもしれません」。
全体を通して、スーパーマーケットのレジ袋についての話なので、アを選ぶ。

5 (1) ア (2) イ

解説 (1) すぐあとで、A が Yes. の答えに続けて、「家で一日中、妹の世話をしなければならなかった」と言っているので、「何かすることがあったのですか」とたずねるアを選ぶ。
その他の選択肢の意味は、イ「あなたは本を読みたかったのですか」。ウ「あなたは本を買いにそこへ行ったのですか」。エ「あなたは何か読むものがほしかったのですか」。
(2) A が Really? のあとに、「あなたがそれを読み終えたら、私がそれを読んでもいいですか」と言

っているので，空所にはBがその本を読んでいるという内容の文を選ぶ。**イ**の「私は今，それを読んでいます」が正解。

その他の選択肢の意味は，**ア**「私もそれを読みたいです」。**ウ**「あなたはそれを読むことができます」。**エ**「あなたは今日，その書店に行くべきです」。

〈対話文の意味〉
A：ぼくは昨日，書店に行きたかったけど，行けなかったよ。
B：何かすることがあったの？
A：うん。家で一日中，妹の世話をしなければならなかったんだ。
B：そうだったの。何か本を買いたかったの？
A：うん。アサノアツコの新しい本を買いたかったんだ。
B：それはとても人気ね。私は今，それを読んでいるの。
A：ほんとう？ きみが読み終わったら，ぼくがそれを読んでもいい？
B：いいわよ。

6 (1) (Excuse me,) **but what time is it** (now?)
(2) (～, but he doesn't sing) **as well as my mother** (.)
(3) (The) **one on the desk is mine** (.)
(4) (What) **do you call this food** (in Japanese?)

解説 (1) It's two o'clock.（2時です。）のBの答えから，「何時ですか」と時刻をたずねる文にする。Excuse me, but ～.は「すみませんが，～」という意味。
(2) asが2つあるので，前のdoesn'tと合わせて，**not as ～ as …** で「…ほど～ではない」という文を作る。
対話文の意味は，A「聞いて，メアリー。だれが歌っているの？」。B「母よ。彼女は歌うのがとても好きなの」。A「歌が上手なのね。あなたのお父さんはどう？」。B「彼も歌うのが好きだけど，母ほど上手ではないわ」。
(3) on the deskという前置詞句が前のthe oneという代名詞を修飾する形にする。
対話の意味は，「どちらのノートがきみの？」「机の上のが私のよ」。
(4) It's *onigiri*.（それはおにぎりです。）という答えから，「あなたはこの食べものを日本語で何と呼びますか」という疑問文にする。

対話の意味は，「この食べものは日本語で何と言いますか」「それはおにぎりです。私の大好きな食べものです」。

7 (例)(1) **My father gave me this book last Tuesday.**
(2) **Last night we had a lot of snow. / It snowed a lot last night.**
(3) **It is one of the most famous books in Japan.**

解説 (1)「先週の火曜日に」は last Tuesday。「AにBを与える」は〈give A B〉の語順。解答例の文を，Bを前に出して〈give B to A〉の形にして，My father gave this book to me last Tuesday. としてもよい。last Tuesday は文頭に置いてもよい。
(2)「雪が降った」というときは，we を主語にして，snow を名詞で使う文と，it を主語にして，snow を動詞で使う文の2通りの文ができる。a lot は，あとに of がきて，a lot of（たくさんの）の形であとに名詞を続ける用法と，a lot だけで「たくさん」という意味の副詞の働きをする用法とがある。last night（昨夜）は文頭でも文末でもよい。
(3)「最も…な～のひとつ」は〈one of the＋最上級＋複数名詞〉の形。famous（有名な）の最上級は前に the most をつける。one of のあとの名詞が複数形になることに注意。「日本で」は in Japan。

8 (例)(1) **Where does he live?**
(2) **Do you have any** (plans tomorrow?)
(3) **I want〔would like〕to be a math teacher.**

解説 (1)「彼はどこに住んでいますか」という英文を作る。「どこ」は Where でたずねる。主語が3人称単数の現在の疑問文なので，Where のあとは，〈does＋主語＋動詞の原形〉の形を続ける。
(2) 文末に plans tomorrow? が与えられているので，「あなたは明日何か計画（予定）を持っていますか」という文を作る。「何か」は any。
(3)「～したい」は **want to ～** か **would like to ～**。would like to ～ は want to ～ のていねいな言い方。「～になる」はふつう be で表すが，become でもよい。「数学の先生」は a math teacher。また，My dream is to become a math teacher.（私の夢は数学の教師になることです。）としてもよい。

p.45
総復習テスト 第2回

1 (1) イ (2) ウ (3) エ (4) エ (5) イ

解説 (1) get on ～ は「(バスや電車など)に乗る」という意味。あとには乗り物がくる。
(2) to buy a new racket (新しいラケットを買うために) が続くので, その目的で行く場所は, ウの a sports shop (スポーツ用品店) が適切。a flower shop は「生花店」, a police station は「警察署」, a swimming pool は「プール」。
(3) 3文目に, 彼女たちは,「買い物をして, それから映画を見た」とあるので,「買い物のあとで, 映画を見ました」となるように, エの After (～のあとで) を入れる。
(4) 「映画が始まる(　)待った」とつながるので, until (～するまで) が適する。or は「～または…」「～, そうしないと…」という意味。
(5) 空所にはユカリが次の週末に行く場所が入る。その答えを導くカギは, ユカリのせりふの最後の文にある。「私はゾウやライオンを見るのが楽しみです」とあるので, ユカリが行く場所は, a zoo (動物園) だとわかる。a bank は「銀行」, a hospital は「病院」。

〈英文の意味〉
　マイコ, ハルナとユカリは中学生です。彼女たちはテニス部のメンバーです。先週, 彼女たちはバスに乗って買い物に行きました。そしてそれから映画を見ました。最初, 彼女たちは新しいラケットを買うためにスポーツ用品店に行きました。彼女たちは買い物を楽しみました。買い物のあと, 彼女たちは映画「ハリー・ポッター」を見ました。彼女たちはチケットを買って, 映画が始まるまで待ちました。彼女たちは, 映画を待っている間, 次の週末の計画について話しました。ユカリは「私は来週, 家族と動物園へ行きます。私はゾウやライオンを見るのが楽しみです」と言いました。

2 (1) イ (2) brother (3) eleven, fifty

解説 (1) B が「9月20日です」と答えて, そのあとで, A が「来週だ」と応じていることから, 未来の時をたずねているイを選ぶ。アは過去の文なので適さない。ウとエは Why (なぜ) と理由をたずねる文なので適さない。
(2) A は「あなたは(　)に会う予定ですか」とたずね, B が「はい。新宿駅で彼と会う予定です」と答えているので, 予定表のメモから「兄」という意味の brother を入れる。
(3) at のあとに続くということと予定表から, 新宿駅で兄と会う時刻で,「11時50分に」となることがわかる。at のあとに〈時＋分〉の数を入れる。

〈対話文の意味〉
A：いつ東京に行く予定なの？
B：9月20日だよ。
A：ああ, 来週なんだ。お兄さんに会うの？
B：うん。11時50分に新宿駅で会う予定だ。
A：いい旅をね。

3 (1) ア (2) イ (3) ウ (4) エ

解説 (1) A は「あなたのお姉〔妹〕さんは音楽を聞くのが好きですか」とたずねている。Does ～? の疑問文には, does を使って答える。Yes の答えか No の答えかは, 空所のあとが「彼女はよく家で CD を聞きます」と続いていることから判断して, Yes, she does. を選ぶ。
(2) B が「ありがとう。この机は重すぎます」と応じていることから判断して, Shall I help you? (手伝いましょうか。) と申し出る表現のイを選ぶ。アは「私を手伝ってくれますか」。ウは「この机を使ってもいいですか」。エは「あなたは私を手伝いましたか」の意味。
(3) A が「午後3時に」と応じていることから, What time (何時) と時刻をたずねるウ「私たちは何時に会いましょうか」を選ぶ。ほかの選択肢の意味は, ア「私たちはどれくらいの間テニスをしますか」。イ「私たちはどこでテニスをしますか」。エ「あなたは何を(プレー)する予定ですか」。
(4) 空所のあとでトモコが No, thank you. (いいえ, けっこうです。) と答えていることから, 相手にものをすすめるエの Would you like something to drink? (何か飲むものはいかがですか。) を選ぶ。ほかの選択肢は, ア「それを食べてもいいですか」。イ「どこで食べたいですか」。ウ「すわってもいいですか」。
　マイク (M) とトモコ (T) の対話文の意味は, M「こんにちは, トモコ。来てくれてありがとう」。T「こんにちは, マイク。このケーキを作ったの。気に入ってくれるといいんだけど。はい, どうぞ」。M「わあ, すばらしい。ありがとう。何か飲みものはどうですか」。T「いいえ, けっこうよ」。M「フルーツはどう？」。T「ええ, お願いします」。M「わかった。ちょっと待ってね」。

4 They can get different ideas and useful information.

解説 問いの英文の意味は「多くの人たちは本から何を得ることができますか」。問いの文のget from booksに注目し，同じ表現のある文を本文の中でさがすと，最後の文の後半に，get 〜 from booksという部分を見つけることができる。ここが解答になっている。

設問文の「主語と動詞を含む英文1文」という条件に注意して，問いの文の主語のmany peopleを代名詞のtheyに変えて，動詞も問いの文にあるcan getをそのまま使って，They can get 〜 (from books). と答える。

〈問題文の意味〉
読書は楽しい。世界にはたくさんの種類の読む本があります。多くの人たちは自由時間に読書を楽しみます。そして，本からいろいろな考えや役に立つ情報を得ることができます。

5 (1) ① オ ② ア ③ エ (2) course

解説 (1) ① すぐあとにトムがThis morning. (今朝です。) と答えているので，When 〜? と時をたずねる**オ**を選ぶ。「それ（頭痛）はいつ始まりましたか」。

② すぐあとでトムがI feel much better. (ずっとよくなった感じがします。) と答えているので，How do you feel now? (今の気分はどうですか。) とたずねる**ア**を選ぶ。

③ トムのI feel much better. という言葉を聞いての応答なので，That's good. (それはよかった。) という**エ**が適する。

そのほかの選択肢の意味は，**イ**「私はつらい時間を過ごしました」。**ウ**「よくできました」。**カ**「手伝いましょうか」。**キ**「今，何時ですか」。

(2)「もちろん」は **of course** という。

〈対話文の意味〉
池田先生：こんにちは，トム。どうしたの？
トム　　：今日は気分がよくありません。頭痛がします。
池田先生：まあ，それはいけないわね。それはいつ始まったの？
トム　　：今朝です。しばらくここで休んでもいいですか。
池田先生：ええ，もちろんよ。
（しばらくして）
池田先生：今の気分はどう？
トム　　：ずいぶんよくなりました。
池田先生：それはよかったわ。じゃ，授業にもどって，がんばりなさい，トム。
トム　　：わかりました。ありがとうございました，池田先生。

6 (例) (1) I joined the baseball club and practiced hard. We won some games and I was happy. (16語) / I remember a school festival. I worked hard for the festival with my friends and I enjoyed it. (18語)
(2) I want to meet Ichiro. I like him because he is a great baseball player. He always shows us exciting plays. I want to ask him many questions about his life. / I would like to meet Tezuka Osamu. He gave children all over the world wonderful dreams. I want to make people happy like him.

解説 (1)「中学校生活の思い出」として，部活動（club），学校祭，文化祭（school festival），運動会（sports day）などが思い出されるだろう。それぞれについて作文できるように練習しておこう。15語以上などの条件にも注意しよう。

解答例の意味は「私は野球部に入っていて，一生けんめい練習しました。私たちは何試合かに勝って，私はうれしかった」。（別解）「私は学校祭のことを覚えています。私は友達と学校祭のために一生けんめい働きました。私は楽しかったです」。

(2)「〜に会いたい」はI want to meet 〜. や I'd (I would) like to meet 〜. という。理由は，becauseを使って表す。

解答例の意味は「私はイチローさんに会いたいです。彼は偉大な野球選手なので，私は彼が好きです。彼はいつも私たちにわくわくするプレーを見せてくれます。私は彼に彼の生活についてたくさんの質問をしたいです」。（別解）「私は手塚治虫さんに会いたいです。彼は世界中の子どもたちにすばらしい夢を与えてくれました。私は彼のように人々を幸せにしたいです」。

自由英作文のテーマは，「自己紹介」「趣味〈好きなこと〉」「将来の夢」「自分の住んでいる町の紹介」などがある。自分でテーマを想定して，作文の練習をしておくことが大切だ。

10日間完成 中1・2の総復習 英語

Gakken